Diogenes Taschenbuch 21488

Mark Twain
*Kannibalismus
auf der
Eisenbahn*

*und andere ausgewählte
Erzählungen
Deutsch von
Günther Klotz*

Diogenes

Die Erzählungen wurden dem 1. Band der Ausgabe Mark Twain,
›Gesammelte Werke in fünf Bänden‹,
herausgegeben und mit Anmerkungen versehen
von Klaus-Jürgen Popp, entnommen.
Umschlagillustration unter Verwendung einer Federzeichnung
von Max Kellerer

Veröffentlicht als Diogenes Taschenbuch, 1987
Lizenzausgabe mit freundlicher Genehmigung des
Carl Hanser Verlags, München
Alle Rechte vorbehalten
80/87/36/1
ISBN 3 257 21488 x

INHALT

Burleske Autobiographie 7
Der berühmte Springfrosch von Calaveras 14
Meine Uhr 22
Nationalökonomie 26
Mrs. McWilliams und das Gewitter 34
Das Erlebnis der McWilliamses mit der
Rachendiphtherie 42
Die McWilliamses und die Alarmanlage 50
Privater Bericht über einen gescheiterten Feldzug 59
Kannibalismus auf der Eisenbahn 82
Lukretia Smiths Soldat 93
Die Geschichte des Invaliden 99
Die Ermordung Julius Cäsars in der Lokalpresse 108
Mein berühmtes »blutiges Massaker« 114
Der Fall George Fisher 118
Der Tatbestand in Sachen des großen
Rindfleischkontrakts 127
Wie ich Sekretär war 135
Die Ursachen meines kürzlichen Rücktritts 142
Der geheimnisvolle Besuch 151
Meine Kandidatur als Gouverneur 157
Anmerkungen 163

BURLESKE AUTOBIOGRAPHIE

Da zwei oder drei Leute zu verschiedenen Zeiten angedeutet haben, sie würden, wenn ich eine Autobiographie schriebe, diese lesen, falls sie Muße dazu fänden, gebe ich schließlich diesem brennenden allgemeinen Verlangen nach und unterbreite hiermit meine Lebensgeschichte.

Einem edlen und alten Hause entstamme ich. Es reicht weit zurück in das Altertum. Der älteste Ahn, von dem die Twains irgendwelche Kunde haben, war ein Freund der Familie mit Namen Higgins. Das war im elften Jahrhundert, als unsere Sippe in Aberdeen, Grafschaft Cork, in England lebte. Aus welchem Grunde unsere lange Geschlechterfolge statt des Namens Higgins seitdem stets den mütterlichen trug (nur hin und wieder nahm einer spaßeshalber Zuflucht zu einem falschen Namen, um der Narrheit vorzubeugen), ist ein Geheimnis, an das zu rühren keiner von uns je große Lust hatte. Es ist so etwas wie eine nebelhafte, schöne, romantische Liebesgeschichte, und wir rühren nicht daran. So machen es alle alten Familien.

Arthour Twain war ein Mann von beträchtlichem Ansehen – ein Sachwalter der Landstraße aus der Zeit des William Rufus. Mit ungefähr dreißig Jahren besuchte er eine jener hochfeinen alten Vergnügungsstätten Englands, namens Newgate, um irgendwas zu besorgen, und kam nicht mehr wieder. Bei seinem Aufenthalt dort starb er plötzlich.

Augustus Twain hat um das Jahr 1160 offenbar ziemlich Furore gemacht. Er steckte immer voller Späße wie selten einer; gewöhnlich nahm er seinen alten Säbel und schärfte ihn, ging in dunkler Nacht an einen geeigneten Ort und stieß den Säbel durch die Leute, die vorbeikamen, weil er sie springen sehen wollte. Er war der geborene Spaßvogel. Doch allmählich trieb er es zu weit, und als er das erstemal dabei erwischt wurde, wie er einen der Betroffenen ausnahm, entfernten die Behörden das eine Ende von ihm und steckten es auf eine hübsch hohe Stelle auf Temple Bar, wo es sich gut sehenlassen und die Leute betrachten konnte. Keine andere Stellung gefiel ihm je so gut, und an keiner hielt er so lange fest.

Für die nächsten zweihundert Jahre zeigt der Stammbaum der Familie dann eine Folge von Kriegern – edle, hochgemute Burschen, die stets singend in die Schlacht zogen, gleich hinter der Armee, und regelmäßig schreiend herauskamen, gleich vor der Armee.

Damit ist der klägliche Witz des alten toten Froissart vernichtend zurückgewiesen, daß unser Stammbaum nie mehr als einen Ast besaß und daß dieser rechtwinklig zur Seite ragte und winters wie sommers Früchte trug.

Im frühen fünfzehnten Jahrhundert haben wir Beau Twain, genannt »der Gelehrte«, aufzuweisen. Er schrieb eine wunderschöne Hand. Und er konnte jedermanns Schrift so getreulich nachahmen, daß man sich einfach totlachen mußte, wenn man es sah. Dieses Talent bereitete ihm unendliche Freude. Später aber ging er einen Vertrag ein, für die Landstraße Steine zu brechen, und diese grobe Arbeit verdarb seine Handschrift. Dennoch genoß er das Leben die ganze Zeit über, die er im Steingeschäft war, was mit unwesentlichen Unterbrechungen etwa zweiundvierzig Jahre währte. Er starb in den Sielen. In allen diesen langen Jahren wirkte er zu solcher Zufriedenheit, daß ihm die Regierung stets einen neuen Vertrag gab, kaum daß der alte eine Woche abgelaufen war. Er war das reinste Lieblingskind. Und immer hatten ihn die Zunftgenossen ins Herz geschlossen, und er war ein hervorragendes Mitglied ihrer wohltätigen Geheimgesellschaft, genannt die Kettenbande. Das Haar trug er immer kurz, er besaß eine Vorliebe für gestreifte Anzüge und starb, betrauert von der Regierung. Das war ein schmerzlicher Verlust für das Land, denn er war in allem so regelmäßig.

Einige Jahre später haben wir den erlauchten John Morgan Twain. Im Jahre 1492 kam er als Passagier mit Kolumbus nach Amerika. Er scheint ein unangenehmes, mürrisches Wesen besessen zu haben. Während der ganzen Fahrt beschwerte er sich über das Essen und drohte dauernd, an Land zu gehen, wenn es sich nicht ändere. Er wollte frische Alsen. Es zog kaum ein Tag über sein Haupt dahin, an dem er nicht mit erhobener Nase auf dem Schiff herumtrödelte, sich über den Kapitän mokierte und sagte, er glaube nicht, daß Kolumbus wisse, wohin er fahre, oder daß er jemals schon dort gewesen sei. Jedes Herz an Bord erbebte bei dem denkwürdigen Ruf »Land in Sicht«, nur seines nicht. Er starrte eine Weile durch ein Stück geschwärztes Glas auf den feinen Strich, der in der Ferne über dem Wasser lag, und sagte dann: »Quatsch, Land – ein Floß ist es!«

Als dieser fragwürdige Passagier an Bord kam, hatte er weiter nichts bei sich als eine alte Zeitung, in die er ein Taschentuch, gezeichnet BG, eine baumwollene Socke, gezeichnet LWC, eine Wollsocke, gezeichnet DF, und ein Nachthemd, gezeichnet OMR, gewickelt hatte. Und doch regte er sich während der Reise mehr wegen seines »Koffers« auf und machte mehr Getue damit als alle übrigen Passagiere zusammen. Wenn das Schiff kopflastig war und sich nicht steuern ließ, ging er hin und bewegte seinen »Koffer« weiter nach achtern, und wartete ab, was passierte. Wenn das Schiff achtern wegsackte, empfahl er Kolumbus, ein paar Leute abzukommandieren, die »das Gepäck verlagern« sollten. Bei Sturm mußte er geknebelt werden, denn bei seinem Gejammer um den »Koffer« war es den Leuten unmöglich, die Befehle zu verstehen.

Es hat nicht den Anschein, daß der Mann irgendwelcher schwerwiegender Unziemlichkeiten offen beschuldigt wurde, aber im Logbuch ist als »merkwürdiger Umstand« niedergelegt, daß er sein Gepäck, obwohl er es in Zeitungspapier an Bord brachte, in vier Koffern, einem großen Packkorb für cremefarbenes Wedgwood-Porzellan und ein paar Champagnerkörben an Land schaffte. Als er jedoch zurückkam und in unverschämter, prahlerischer Weise zu verstehen gab, daß ihm verschiedene Sachen fehlten, und er sich daran machte, das Gepäck der anderen Passagiere zu durchsuchen, da war das Maß voll, und man warf ihn über Bord. Lange schauten sie verwundert aus, ob er wieder hochkäme, aber nicht einmal eine Blase zeigte sich auf dem ruhig verebbenden Wasser. Doch während jeder gebannt über die Reling starrte und das Interesse mit jedem

Augenblick wuchs, bemerkte man bestürzt, daß das Schiff abtrieb und die Ankerkette schlaff vom Bug hing.

In dem vergilbten alten Logbuch findet man' nun folgende seltsame Eintragung: »Alsobald ward kund, daß der lästige Passagier hinabgefahren war zu dem Anker, und er nahm diesen, ging hin und verschacherte ihn den vermaledeiten Wilden aus dem Innern des Landes und sprach zu ihnen, er habe ihn gefunden, der Strolch.«

Doch dieser Vorfahre besaß gute und edle Anlagen, und mit Stolz erinnern wir uns daran, daß er der erste Weiße war, der sich für das Werk interessierte, die Indianer zu zivilisieren und auf einen höheren Stand zu heben. Er baute ein geräumiges Gefängnis und stellte einen Galgen auf, und bis zu seinem letzten Tag behauptete er mit Genugtuung von sich, daß er einen zurückhaltenderen und erhebenderen Einfluß auf die Indianer ausgeübt habe als alle anderen Reformer, die jemals unter ihnen gewirkt hatten. An dieser Stelle wird die Chronik weniger offenherzig und gesprächig und schließt abrupt mit der Mitteilung, der alte Seereisende sei sich ansehen gegangen, wie der Galgen beim ersten Weißen in Tätigkeit trat, der in Amerika gehängt wurde, und als er dort war, habe er Verletzungen erlitten, die zu seinem Tode führten.

Der Urenkel des »Reformers« blühte und gedieh um sechzehnhundertsoundsoviel und ist in unseren Annalen als »der alte Admiral« bekannt, obgleich er in der Geschichte andere Titel führt. Lange Zeit befehligte er eine Flotte schneller Schiffe, gut bewaffnet und bemannt, und leistete große Dienste, indem er Handelsschiffe zur Eile antrieb. Schiffe, denen er folgte und auf die er sein Adlerauge richtete, holten über den Ozean regelmäßig eine gute Zeit heraus. Wenn jedoch ein Schiff trotz allem, was er unternahm, immer noch bummelte, so wuchs sein Unwille, bis er sich nicht mehr beherrschen konnte – und dann nahm er das Schiff mit zu sich nach Hause und behütete es sorglichst, in der Erwartung, daß die Besitzer es holen kämen, aber sie kamen nie. Und er versuchte nun immer, den Matrosen des Schiffes die Trägheit und Faulheit auszutreiben, indem er sie zwang, kräftigende Leibesübungen zu machen und ein Bad zu nehmen. Das nannte er »über Bord springen«. Allen Zöglingen gefiel das. Jedenfalls hatten sie nie etwas daran auszusetzen, nachdem sie es probiert hatten. Wenn sich die Besitzer zu viel Zeit ließen, ihre Schiffe abzuholen, zündete sie der Admiral an, damit das Versicherungsgeld nicht verlorenging. In der Fülle seiner Jahre und Ehren wurde dem prächtigen Seebären der Hals abgeschnitten. Bis zu ihrem Tode glaubte die arme Witwe, daß man ihn hätte wieder zum Leben erwecken können, wenn man ihn eine Viertelstunde früher abgeschnitten hätte.

Charles Henry Twain lebte in der zweiten Hälfte des siebzehnten Jahrhunderts und war ein eifriger, verdienter Missionar. Sechzehntausend Südseeinsulaner bekehrte er und brachte ihnen bei, daß ein Hundezahnhalsband und eine Brille als Bekleidung nicht ausreichen, wenn man zum Gottesdienst kommt. Seine arme Gemeinde liebte ihn über alle Maßen, und als sein Leichenbegängnis vorüber war, erhoben sie sich alle gemeinsam (und gingen aus der Gaststätte) und sagten mit Tränen in den Augen zueinander, daß er ein guter, zarter Missionar gewesen sei und daß sie wünschten, es wäre noch etwas von ihm da.

Pah-Go-To-Wah-Wah-Pukketekeewis (der Mächtige-Jäger-mit-dem-Schweinsauge-Twain) zierte die Mitte des achtzehnten Jahrhunderts und half General Braddock mit ganzem Herzen, dem Unterdrücker Washington zu widerstehen. Es war dieser unser Ahn, der hinter einem Baum hervor siebzehnmal auf unseren Washington feuerte. Soweit stimmt der schöne, abenteuerliche Bericht in den belehrenden Märchenbüchern; wenn aber der Bericht dann weitergeht und es heißt, daß der von Ehrfurcht ergriffene Wilde bei der siebzehnten Ladung feierlich sagte, dieser Mann sei vom Großen Geist zu einer großartigen Sendung auserlesen und er wage nicht, die frevlerische Büchse noch einmal gegen ihn zu erheben, schwächt der Bericht ernstlich die geschichtliche Wahrheit ab. Folgendes hat er nämlich gesagt: »Hat – hick – hat keinen Zweck. Der Mann is' so besoffen, der kannich lange genug stillstehn, bis 'n einer trifft. Ich – hick – ich kann's mir nich leisten, mehr Munizjohn auf ihn zu verplempern.«

Deshalb also hörte er beim siebzehnten Schuß auf, und das war ja auch ein guter, einfacher und nüchterner Grund – ein Grund, der sich uns durch seinen beredten, überzeugenden Beigeschmack von Wahrscheinlichkeit, den er besitzt, leicht anbietet.

Die Darstellung des Märchenbuches hat mir immer wieder gefallen, nur störte mich dabei stets die böse Ahnung, daß jeder Indianer, der bei Braddocks Niederlage ein paarmal auf einen Soldaten feuerte (im Laufe eines Jahrhunderts wird aus zwei ganz leicht siebzehn) und ihn verfehlte, voreilig den Schluß zog, dieser Soldat sei vom Großen Geist zu einer großartigen Sendung auserlesen; und deshalb habe ich irgendwie befürchtet, der einzige Grund, weshalb man sich im Falle Washingtons daran erinnert und es bei den anderen vergessen hat, liegt darin, daß sich die Vorhersage bei ihm erfüllte und bei den anderen nicht. Es gibt nicht genügend Bücher auf der Welt, um die Prophezeiungen zu fassen, die Indianer und andere Unbefugte gemacht haben; aber den Bericht aller Prophezeiungen, die in Erfüllung gegangen sind, kann ein Mensch in den Manteltaschen mit sich herumtragen.

Nebenbei möchte ich hier bemerken, daß gewisse meiner Vorfahren in der Geschichte unter ihrem falschen Namen so gründlich bekannt sind, daß ich glaube, es lohnt sich nicht, bei ihnen zu verweilen oder sie der Reihenfolge ihrer Geburt nach zu nennen. Unter ihnen wären zu erwähnen: Richard Brinsley Twain alias Guy Fawkes, John Wentworth Twain alias Sixteen-String Jack, William Hogarth Twain alias Jack Sheppard, Ananias Twain alias Baron von Münchhausen, John George Twain alias Captain Kidd; dann sind da noch George Francis Twain, Tom Pepper, Nebukadnezar und Bileams Eselin – die gehören alle zu unserer Familie, aber zu einem Zweig, der sich von der ehrbaren direkten Linie ein bißchen entfernt hat, zu einer Seitenlinie also, deren Mitglieder sich vom alten Stamm hauptsächlich dadurch unterscheiden, daß sie, um jene Berühmtheit zu erlangen, nach der wir immer getrachtet haben, sich die erbärmliche Gewohnheit zu eigen machten, ins Gefängnis zu wandern, statt sich hängen zu lassen.

Es ist nicht gut, wenn man seine Autobiographie schreibt, die Ahnenreihe zu nahe an die eigene Zeit heran zu verfolgen – das Sicherste ist, von seinem Urgroßvater nur verschwommen zu reden und von da einen Sprung zu sich selbst zu machen, was ich nun tue.

Ich kam ohne Zähne zur Welt – damit war Richard III. besser dran als ich; aber ich kam ebenso ohne Buckel zur Welt, und darin war ich besser dran als er. Meine Eltern waren weder sehr arm noch auffallend ehrlich.

Aber jetzt kommt mir ein Gedanke. Meine eigene Lebensgeschichte würde sich gegen die meiner Vorfahren so zahm ausnehmen, daß es nur klug ist, sie ungeschrieben zu lassen, bis ich gehängt werde. Wenn einige andere Biographien, die ich gelesen habe, bei den Vorfahren stehengeblieben wären, bis sich etwas Ähnliches ereignet hätte, wäre das für das Leserpublikum eine treffliche Sache gewesen. Was halten Sie davon?

DER BERÜHMTE SPRINGFROSCH
VON CALAVERAS

Der Bitte eines Freundes entsprechend, der mir aus dem Osten geschrieben hatte, suchte ich den gutmütigen, geschwätzigen alten Simon Wheeler auf und erkundigte mich, wie ich gebeten worden war, nach meines Freundes Freund *Leonidas W.* Smiley und lege im folgenden das Ergebnis dar. Ich hege den leisen Verdacht, daß *Leonidas W.* Smiley eine Erfindung ist, daß mein Freund einen solchen nie gekannt hat und nur vermutete, daß, wenn ich den alten Wheeler nach ihm frage, ihm nur sein berüchtigter *Jim* Smiley einfallen würde und er sich dann ins Zeug legen und mich zu Tode langweilen würde mit irgendeiner zermürbenden Erzählung über ihn, die ebenso weitschweifig und ermüdend wie nutzlos für mich wäre. Wenn das die Absicht war, so hat er sie erreicht.

In der alten baufälligen Kneipe der ehemaligen Goldgräbersiedlung Angel's Camp fand ich Simon Wheeler am Ofen des Schankraums in behaglichem Halbschlummer, und ich bemerkte, daß er dick und kahlköpfig war und auf dem ruhigen Gesicht den Ausdruck gewinnender Güte und Einfalt trug. Er wachte auf und sagte mir guten Tag. Ich erzählte ihm, einer meiner Freunde habe mich beauftragt, Ermittlungen über einen teuren Jugendgefährten namens *Leonidas W.* Smiley – Ehrwürden *Leonidas W.* Smiley, einen jungen Geistlichen, anzustellen, der, wie er gehört hatte, einmal in Angel's Camp wohnhaft gewesen war. Ich fügte hinzu, daß ich Mr. Wheeler zu großem Dank verpflichtet wäre, wenn er mir etwas über diesen Ehrwürden Leonidas W. Smiley sagen könnte.

Simon Wheeler drückte mich rückwärts in eine Ecke und blockierte mich dort mit seinem Stuhl, setzte sich dann hin und haspelte den monotonen Bericht herunter, der diesem Abschnitt folgt. Dabei lächelte er nie, runzelte nie die Stirn, seine Stimme änderte nie den ruhig dahinfließenden Tonfall, in dem er den ersten Satz angestimmt hatte, er verriet nie den geringsten Anflug von Begeisterung; aber den ganzen nicht enden wollenden Bericht hindurch spürte man Aufrichtigkeit und einen ergreifenden Ernst, was mir deutlich machte, daß er, weit von der Vorstellung entfernt, irgend etwas an seiner Geschichte könnte lächerlich oder komisch sein, sie für wirklich wichtig hielt und seine beiden Helden als Männer von wahrhaft überragender und genialer Raffinesse bewunderte. Für mich war das Schauspiel, wie ein Mann gelassen solch ein fragwürdiges Garn abspann, ohne jemals zu lächeln, ausgesprochen absurd. Wie ich schon sagte, bat ich ihn, mir zu erzählen, was er von Ehrwürden Leonidas W. Smiley wisse, und er antwortete mir wie folgt. Ich ließ ihn auf seine Art erzählen und unterbrach ihn nicht ein einziges Mal.

»Wir hatten hier mal einen Burschen namens *Jim* Smiley, im Winter neunundvierzig, oder vielleicht war's im Frühjahr fünfzig – ich kann mich irgendwie nicht genau erinnern, doch war's, glaub ich, neunundvierzig oder fünfzig, denn ich besinne mich darauf, daß der große Kanal noch nicht fertig war, als der Bursche zum erstenmal im Camp auftauchte. Aber wie dem auch sei, das war der merkwürdigste Kerl in der Gegend, da er ständig auf irgend etwas, das ihm gerade über den Weg lief, eine Wette abschloß, wenn er jemand finden konnte, der dagegenhielt; und wenn er keinen fand, wechselte er die Seite. Was immer dem anderen recht war, war ihm recht – wenn er nur zu einer Wette kam, ganz gleich wie, war er zufrieden. Aber trotzdem hatte er Glück, ungewöhnlich viel Glück; fast immer blieb er der Gewinner. Ständig war er bereit und lauerte auf eine Gelegenheit; man konnte nicht eine einzige Sache in den Mund nehmen, ohne daß der Bursche anbot, darauf zu wetten und die Seite zu vertreten, die einem grad recht war, wie ich Ihnen eben gesagt hab. Wenn ein Pferderennen stattfand, schwamm er am Ende in Geld, oder er war pleite; gab's einen Hundekampf, wettete er; gab's einen Katzenkampf, wettete er; gab's einen Hahnenkampf, wettete er; na, wenn da zwei Vögel auf einem Zaun saßen, wettete er, welcher zuerst auffliegen würde; oder wenn im Freien Gottesdienst gehalten wurde, war er regelmäßig dabei, um auf Pfarrer Walker zu setzen, den er für den besten Bußprediger im Umkreis hielt, und das war er auch – ein guter Mann. Sogar wenn er einen langstelzigen Käfer sah, der sich irgendwohin auf den Weg machte, schloß er eine Wette ab, wie lange der wohl bis dahin brauchen würde, wo er hin wollte, und wenn man auf die Wette einging, lief er dem Käfer nach bis Mexiko, nur um herauszubekommen, wohin er wollte und wieviel Zeit er für den Weg brauchte. Eine Menge von den Jungs hier haben diesen Smiley gekannt und können Ihnen von ihm erzählen. Wirklich, ihm hat das nichts ausgemacht – der hat auf alles gewettet, der verrückte Kerl. Einmal lag Pfarrer Walkers Frau längere Zeit schwerkrank danieder, und es sah schon so aus, als wäre sie nicht mehr zu retten; aber eines Morgens kam der Pfarrer herein, und Smiley ging auf ihn zu und erkundigte sich nach ihrem Befinden, und der Mann sagte, es ginge ihr wesentlich besser – Dank dem Herrn für seine unendliche Gnade – und sie erhole sich so gut, daß sie mit Hilfe der Vorsehung noch einmal gesund würde; und Smiley sagte: ›Na, jedenfalls wett' ich zweieinhalb Dollar, daß sie nicht wieder auf die Beine kommt.‹

Dieser Smiley hatte einen Gaul – die Jungs nannten ihn den Viertelstundenklepper, aber das war nur ein Spaß, müssen Sie wissen, denn natürlich war er schneller – und er gewann fortwährend auf den Gaul, obwohl der so langsam war und ständig Asthma hatte oder die Staupe oder die Schwindsucht oder sonst was Ähnliches. Er bekam gewöhnlich zwei- oder dreihundert Yard Vorgabe und wurde dann überholt; aber immer gegen Ende des Rennens, da packte es ihn und er wurde verwegen und kam angestrampelt, die Beine gespreizt und gelenkig in alle Richtungen geworfen, manchmal in die Luft und manchmal nach einer Seite zwischen die Zaunstaketen, und er wirbelte immer mehr Staub auf und machte immer mehr Spektakel mit seinem Husten und Niesen und Naseschnauben – und kam am Ziel immer gerade eine Nasenlänge voraus an, so knapp, daß man es kaum feststellen konnte.

Und er hatte eine kleine, kurzbeinige junge Bulldogge, wenn man die ansah, schien sie einem keinen Cent wert, höchstens dazu da, herumzusitzen und gemein auszusehen und auf der Lauer zu liegen, um was zu stehlen. Aber sobald man Geld auf sie setzte, wurde sie ein anderer Hund; der Unterkiefer schob sich vor wie das Vorderdeck von 'nem Dampfer, und die Zähne entblößten sich und flackerten wild auf wie die Kesselfeuer. Und ein Hund konnte ihn anfahren und ihm zusetzen, ihn beißen und zwei-, dreimal über die Schulter werfen, und Andrew Jackson – so hieß der junge Köter nämlich –, Andrew Jackson tat immer nur so, als ließe er sich alles gefallen und habe nichts anderes erwartet, und die Einsätze auf den Gegner wurden dauernd verdoppelt und verdoppelt, bis alles Geld angelegt war; und nun plötzlich packte er den anderen Hund genau am Hintergelenk und biß sich fest – nicht tief, verstehen Sie, er schnappte nur zu und hängte sich daran, bis sie das Handtuch warfen, und wenn's ein Jahr dauerte. Smiley hat mit dem Köter jede Wette gewonnen, bis er sich einmal einen Hund vorknöpfte, der keine Hinterbeine mehr hatte, weil er damit in die Kreissäge geraten war. Und als die Sache lange genug gedauert hatte und alles Geld gesetzt war und der Köter jetzt nach seinem Lieblingshalt schnappen wollte, da merkte er sofort, wie man ihn hereingelegt hatte und wie ihn der andere Hund sozusagen in der Tasche hatte, und er schien überrascht, und dann sah er irgendwie entmutigt aus und machte keinen Versuch mehr, den Kampf zu gewinnen, und so mußte er übel zugerichtet das Feld verlassen. Er warf Smiley einen Blick zu, als wollte er sagen, sein Herz sei gebrochen und es sei Smileys Schuld, weil er ihm einen Hund vorgesetzt hatte, der keine Hinterbeine hatte, an denen man sich festhängen konnte, worauf er sich doch beim Kampf hauptsächlich verließ, und so hinkte er dann ein Stückchen zur Seite, legte sich nieder und starb.

Es war ein guter Köter, dieser Andrew Jackson, und er hätte sich einen Namen gemacht, wenn er am Leben geblieben wäre, denn er hatte das Zeug dazu, und er war begabt – ich weiß das, denn er hatte ja keine Gelegenheiten, die der Rede wert waren, und es ist durchaus nicht selbstverständlich, daß ein Hund unter diesen Umständen einen solchen Kampf liefert, wenn er kein Talent hat. Es macht mich immer ganz traurig, wenn ich an seinen letzten Kampf denke und an das Ende, das er nahm.

Also, dieser Smiley hatte Rattenterrier und Kampfhähne und Kater und alles mögliche, das man gar nicht aufzählen kann, und man konnte ihm auf nichts eine Wette anbieten, die er nicht annahm. Eines Tages fing er einen Frosch, nahm ihn mit nach Hause und sagte, er habe vor, ihn zu trainieren; und so tat er drei Monate nichts anderes, als sich in den Garten zu setzen und dem Frosch das Springen beizubringen. Und Sie können sich drauf verlassen, er brachte es ihm bei. Er gab ihm hinten einen kleinen Schubs, und im nächsten Augenblick sah man den Frosch wie 'nen Pfannkuchen durch die Luft wirbeln – einen Salto schlagen oder auch zwei, wenn er gut abgekommen war, und unversehrt plattfüßig wieder herunterkommen wie eine Katze. Er dressierte ihn ebenso zum Fliegenfangen und hielt ihn ständig in Übung, so daß er jede Fliege erwischte, so weit er sehen konnte. Smiley sagte, ein Frosch brauche nur die richtige Ausbildung, dann bringe er fast alles fertig – und das glaub ich ihm. Na, ich hab erlebt, wie er Daniel Webster hier auf den Fußboden setzte – Daniel Webster, so hieß der Frosch – und dann rief: ›Fliegen, Daniel, Fliegen!‹, und bevor man richtig gucken konnte, sprang der senkrecht hoch, schnappte eine Fliege von der Theke dort, plumpste wieder auf den Boden wie ein solider Dreckklumpen und fing an, sich so gleichgültig mit dem Hinterbein am Kopf zu kratzen, als habe er keine Ahnung, daß er etwas gemacht hatte, was nicht jeder Frosch kann. Sie haben noch nie einen Frosch gesehen, der trotz seiner Begabung so bescheiden und schlicht war. Und wenn's zum offenen und ehrlichen Weitsprung kam, da brachte er mit einem Satz mehr Boden hinter sich als jedes andere Tier seiner Art, das man kennt. Weitsprung war seine Stärke, müssen Sie wissen; und wenn's dazu kam, setzte Smiley so lange auf ihn, wie er noch einen roten Heller besaß. Smiley war ungeheuer stolz auf den Frosch, und er hatte auch Grund dazu, denn Leute, die weit herumgekommen und überall gewesen waren, sagten alle, er steche jeden Frosch aus, den sie jemals gesehen hätten.

Nun, Smiley hielt das Viech in einer kleinen Kiste mit Gitter, und er nahm's manchmal mit in die Stadt und schloß eine Wette darauf ab. Eines Tages hatte er seine Kiste mit, und ein Kerl begegnete ihm – er war fremd im Camp – und sagte: ›Was mögen Sie da wohl in der Kiste haben?‹

Und Smiley antwortete, als wäre es ihm gleichgültig: ›Vielleicht einen Papagei oder vielleicht einen Kanarienvogel, könnte sein, stimmt aber nicht – 's ist nur 'n Frosch.‹

Und der Kerl nahm ihn, sah ihn sich genau an, drehte ihn so herum und anders und sagte dann: ›Hm – stimmt. Na und wozu ist der gut?‹

›Na‹, sagte Smiley so leichthin und lässig, ›der ist zu *einem* gut, sollte ich meinen – der springt weiter als jeder andere Frosch von Calaveras County.‹

Noch einmal nahm der Kerl die Kiste und guckte sich den Frosch wieder lange und gründlich an, gab ihn Smiley zurück und sagte sehr bedächtig: ›Also, ich finde nichts an dem Frosch, daß er besser wär als andere.‹

›Vielleicht nicht‹, sagte Smiley. ›Vielleicht verstehn Sie was von Fröschen, vielleicht auch nicht; vielleicht haben Sie Erfahrung damit, vielleicht sind Sie aber sozusagen nur ein Laie. Jedenfalls hab ich meine Meinung, und ich wette vierzig Dollar, daß er weiter springt als jeder andere Frosch von Calaveras County.‹

Und der Kerl überlegte eine Minute und sagte dann fast traurig: ›Nun, ich bin hier nur 'n Fremder, und ich hab keinen Frosch; aber wenn ich einen hätte, würde ich die Wette annehmen.‹

Und Smiley sagte darauf: ›Schon recht – schon recht – wenn Sie die Kiste eine Minute halten wollen, geh ich Ihnen einen Frosch holen.‹ Und so nahm der Kerl die Kiste, legte seine vierzig Dollar neben Smileys und setzte sich hin, um zu warten.

Eine ganze Weile saß er so da, überlegte und überlegte, und dann nahm er den Frosch heraus, sperrte ihm das Maul auf, nahm einen Teelöffel und füllte den Frosch mit Schrotkugeln – stopfte ihn fast bis zum Kinn voll – und setzte ihn auf die Erde.

Smiley ging unterdessen zu einem Sumpf, stapfte dort

lange Zeit im Morast herum und fing schließlich einen
Frosch; er brachte ihn, gab ihn diesem Kerl und sagte:
›Also, wenn Sie soweit sind, setzen Sie ihn neben Daniel,
die Vorderbeine auf einer Linie mit Daniels, und dann geb
ich das Zeichen.‹

Dann sagte er: ›Eins – zwei – drei – los!‹, und er und
der Kerl stupsten die Frösche von hinten, und der neue
Frosch hüpfte los, aber Daniel hievte an und zog die Schultern
hoch – so, wie ein Franzose –, aber es hatte keinen
Zweck, er kam nicht vom Fleck; er saß so fest am Boden
wie ein Amboß, und er konnte sich nicht bewegen, als
wäre er verankert. Smiley war reichlich erstaunt und ärgerte
sich auch mächtig, aber er hatte natürlich keine
Ahnung, was los war.

Der Kerl nahm das Geld und schob ab, und als er zur Tür
hinausging, wies er mit dem Daumen über die Schulter – so
hier – auf Daniel und sagte wieder sehr bedächtig: ›Also, ich
finde nichts an dem Frosch, daß er besser wär als andere.‹

Smiley stand da und kratzte sich den Kopf, blickte lange
zu Daniel hinunter und sagte schließlich: ›Ich möcht wissen,
warum in aller Welt der Frosch aufgesteckt hat – ich möcht
wissen, ob nicht irgendwas mit ihm los ist – irgendwie
sieht er, scheint's, mächtig geschwollen aus.‹ Und er packte
Daniel beim Genick, hob ihn hoch und sagte: ›Na, nu brat
mir einer 'nen Storch, wenn der nicht fünf Pfund wiegt!‹,
und er stellte ihn auf den Kopf, und der Frosch spuckte
zwei Handvoll Schrotkugeln aus. Da merkte er, was los
war, und wurde fast verrückt. Er setzte den Frosch wieder
hin und rannte hinter dem Kerl her, aber er holte ihn nicht
mehr ein. Und...«

Hier hörte Simon Wheeler aus dem Vorgarten seinen
Namen rufen und stand auf, um nachzusehen, was man
von ihm wolle. Als er wegging, wandte er sich zu mir um
und sagte: »Bleiben Sie ruhig dort sitzen, wo Sie sind,
Fremder, und machen Sie sich's bequem – ich bin keine
Minute weg.«

Doch bitte, ich glaubte nicht, daß die Fortsetzung
der Geschichte des unternehmungslustigen Strolches *Jim
Smiley* Wesentliches über *Ehrwürden Leonidas W. Smiley*

zutage fördern würde, und so machte ich mich auf die Socken.

An der Tür begegnete mir der redselige Wheeler, der zurückkam, und er hielt mich beim Knopf fest und begann von neuem: »Nun, dieser Smiley hatte eine gelbe, einäugige Kuh, die keinen Schwanz hatte, nur einen kurzen Stummel wie eine Banane, und...«

»Oh! Zum Teufel mit Smiley und seiner elenden Kuh!« murmelte ich gutmütig, verabschiedete mich von dem alten Herrn und ging.

MEINE UHR

Eine kleine lehrreiche Geschichte

Meine schöne neue Uhr war achtzehn Monate gelaufen, ohne vor- oder nachzugehen, ohne daß sie stehengeblieben oder ein Teil des Werks entzweigegangen wäre. Nun hielt ich sie für unfehlbar in der Zeitangabe und betrachtete ihre Konstitution und ihren Gliederbau als unverwüstlich. Aber schließlich ließ ich sie doch einmal eines Nachts ablaufen. Ich grämte mich darum, als wäre dies der anerkannte Künder und Vorbote des Unheils. Doch dann faßte ich wieder Mut, stellte die Uhr nach Gefühl und schlug mir meine bösen Ahnungen und abergläubischen Befürchtungen aus dem Sinn.

Am nächsten Tag betrat ich den Laden des ersten Juweliers unserer Stadt, um die Uhr nach der genauen Zeit stellen zu lassen. Der Leiter des Geschäfts nahm sie mir aus der Hand und ging daran, sie zu richten. Da sagte er: »Sie geht vier Minuten nach – der Regulierzeiger muß auf ein bißchen schneller eingestellt werden.«

Ich versuchte, ihn daran zu hindern, versuchte ihm begreiflich zu machen, daß die Uhr sonst richtig lief. Aber nein: Dieser Kohlkopf auf zwei Beinen sah nur das eine, daß die Uhr vier Minuten nachging und der Regler ein bißchen auf schneller gestellt werden müsse. Und während ich in meiner Angst um ihn herumtanzte und ihn anflehte, die Uhr in Frieden zu lassen, vollbrachte er seelenruhig die grausame, schändliche Tat.

Meine Uhr begann vorzugehen. Von Tag zu Tag lief sie schneller. Innerhalb dieser Woche geriet sie in hitziges Fieber, und ihr Puls stieg auf sechzig Grad im Schatten. Nach Ablauf von zwei Monaten hatte sie alle Chronometer der Stadt weit hinter sich gelassen und lag etwas mehr als dreizehn Tage vor dem Kalenderdatum. Während sich die Oktoberblätter noch verfärbten, war sie schon weit drin im November und freute sich des Schnees. Sie brachte die Zahltage für Miete, fällige Rechnungen und ähnliches in solch enormem Tempo heran, daß ich es nicht aushalten konnte.

Ich brachte sie zum Uhrmacher, um sie regulieren zu lassen. Er fragte mich, ob ich sie schon einmal habe reparieren lassen. Ich sagte, nein, das sei noch nicht nötig gewesen. Seine Augen leuchteten auf vor boshafter Lust, und gierig öffnete er die Uhr, klemmte sich einen kleinen Würfelbecher ins Auge und spähte in das Werk hinein. Er sagte, abgesehen vom Regulieren müsse es gereinigt und geölt werden – ich solle in einer Woche wiederkommen.

Nachdem sie gereinigt, geölt und reguliert war, fing sie so an zu bummeln, daß sie nicht einmal so schnell tickte, wie die Abendglocke schlägt. Nun verpaßte ich meine Züge, verpaßte alle Verabredungen und versäumte mein Mittagessen. Meine Uhr streckte die Frist von drei Tagen auf vier und ließ mich ruhig protestieren. Allmählich blieb ich zurück bei gestern, dann war es bei mir vorgestern, dann vorige Woche, und nach und nach kam mir die Einsicht, daß ich mutterseelenallein noch in der vorvorigen Woche weilte, während die übrige Welt schon außer Sicht war. Ich entdeckte in mir eine Art heimlichen Mitgefühls mit der Mumie im Museum und das Verlangen, Neuigkeiten mit ihr auszutauschen.

Wieder ging ich zu einem Uhrmacher. Der nahm die Uhr in meiner Gegenwart ganz auseinander und sagte dann, das Federgehäuse sei »geschwollen«. Er sagte, er könne es in drei Tagen wieder auf das richtige Maß zurückbringen. Danach ging meine Uhr im Durchschnitt gut, aber nur im Durchschnitt. Den halben Tag raste sie wie das leibhaftige Unheil und kläffte und keuchte und kreischte und nieste und schnaubte unausgesetzt, daß ich vor Lärm die eigenen Gedanken nicht hörte; und solange sie das durchhielt, gab es im ganzen Land keine Uhr, die es mit ihr hätte aufnehmen können. Aber den Rest des Tages wurde sie immer langsamer und trödelte herum, bis alle Uhren, die sie hinter sich gelassen hatte, sie wieder einholten. Nach Ablauf von vierundzwanzig Stunden kam sie deshalb schließlich richtig und rechtzeitig vor den Richterthron getrabt. Sie hielt einen offenen und ehrlichen Durchschnitt ein, und niemand konnte sagen, sie hätte mehr oder weniger als ihre Pflicht getan.

Ein genauer Durchschnitt ist aber nur eine schwache Leistung für eine Uhr, und deshalb brachte ich das Instrument zu einem anderen Uhrmacher. Der erklärte, der Hauptbolzen sei kaputt. Ich sagte, ich sei froh, daß es nichts Ernsteres sei. Offen gestanden, ich hatte keine Ahnung, was der Hauptbolzen ist, aber ich mochte einem Fremden gegenüber nicht so dumm erscheinen. Er reparierte den Anker, doch was die Uhr auf der einen Seite gewann, verlor sie auf der anderen. Jetzt ging sie eine Weile, dann blieb sie stehen, dann ging sie wieder, und so weiter, wobei sie die Pausen nach Belieben einlegte. Und jedesmal, wenn sie losging, schlug sie zurück wie eine Muskete.

Ein paar Tage polsterte ich meine Brust, schaffte aber die Uhr endlich doch zu einem anderen Uhrmacher. Der nahm sie vollkommen auseinander und drehte die Trümmer unter seiner Lupe hin und her; dann meinte er, es scheine etwas mit dem Stechschloß nicht in Ordnung. Er brachte es in Ordnung und zog sie wieder auf. Nun ging sie gut, nur zehn Minuten vor zehn schlossen sich die Zeiger stets wie eine Schere und reisten von da an gemeinsam weiter.

Aus solch einer Uhr hätte auch der älteste Mensch der Welt nicht klug werden können, und deshalb brachte ich das Stück erneut zur Reparatur. Dieser Mensch sagte, der Kristall sei verbogen und die Feder nicht gerade. Er äußerte auch, ein Teil des Werks müsse mit neuen Halbsohlen versehen werden. Er besorgte das alles richtig, und nun benahm sich meine Uhr einwandfrei, nur daß ab und zu, nachdem sie acht Stunden ruhig gearbeitet hatte, ihr Inneres sich plötzlich gehenließ und anfing, wie eine Biene zu summen, und sofort drehten sich die Zeiger in einem Tempo herum, daß man sie nicht mehr unterscheiden konnte und sie sich nur noch wie ein zartes Spinnennetz vor dem Zifferblatt ausnahmen. In sechs oder sieben Minuten kreiselte sie die nächsten vierundzwanzig Stunden herunter und stand dann mit einem Knacks still.

Schweren Herzens ging ich zu einem weiteren Uhrmacher und schaute zu, wie er sie in ihre Teile zerlegte. Ich gedachte, ihn gehörig ins Kreuzverhör zu nehmen, denn die Sache wurde langsam ernst. Die Uhr hatte einmal zweihundert Dollar gekostet, und ich hatte wohl für Reparaturen zwei- bis dreitausend ausgegeben. Während ich so dastand und zuschaute, erkannte ich in diesem Uhrmacher plötzlich einen alten Bekannten – er war früher einmal Maschinist auf einem Dampfer gewesen, und zwar kein guter. Sorgfältig untersuchte er alle Teile, genau wie es die anderen Uhrmacher getan hatten, und fällte dann mit der gleichen Dreistigkeit das Urteil.

Er sagte: »Sie macht zuviel Dampf – wir müssen einen Franzosen an das Sicherheitsventil hängen!«

Auf der Stelle schlug ich ihm den Schädel ein und ließ ihn auf meine Kosten beerdigen.

Mein Onkel William – inzwischen, ach! verstorben – sagte immer, ein gutes Pferd sei nur so lange ein gutes Pferd, bis es einmal durchgegangen wäre, und eine gute Uhr sei nur so lange eine gute Uhr, bis sie den Handwerkern zur Reparatur in die Hände fiele. Und er hat sich immer den Kopf darüber zerbrochen, was aus all den gescheiterten Kesselflickern, Büchsenmachern, Schustern, Grobschmieden und Maschinisten würde, aber nie konnte ihm das einer sagen.

NATIONALÖKONOMIE

»Die Nationalökonomie bildet die Grundlage einer jeglichen guten Staatsführung. Die weisesten Männer aller Zeiten haben auf dieses Thema...«

Hier wurde ich unterbrochen, und man meldete mir, daß mich unten an der Tür ein fremder Herr zu sprechen wünsche. Ich ging und trat ihm entgegen, fragte ihn nach seinem Begehr, wobei ich mich die ganze Zeit mühte, meine jagenden Gedanken über Nationalökonomie im Zaum zu halten und sie mir nicht entfliehen oder sich in ihrem Geschirr verfangen zu lassen. Und heimlich wünschte ich, der Fremde läge auf dem Grunde des Kanals und eine Ladung Weizen auf ihm. Ich fieberte vor Erregung, aber er war kühl. Er sagte, er bedaure die Störung, doch als er vorüberging, habe er bemerkt, daß ich ein paar Blitzableiter brauche.

Ich sagte: »Ja, ja – weiter – was ist damit?«

Er sagte, es sei nichts Besonderes damit – nichts weiter, als daß er mir gern welche anbringen wolle.

Als Hauswirt bin ich ein Anfänger; war mein ganzes Leben nur an Hotels und Pensionen gewöhnt. Wie jeder andere gleicher Erfahrung versuche ich mich (vor Fremden) als alter Hauswirt zu geben; demgemäß sagte ich so leichthin, daß ich schon einige Zeit vorhätte, sechs oder acht Blitzableiter anbringen zu lassen, daß aber...

Der Fremde stutzte und blickte mich neugierig an, doch ich blieb gelassen. Ich dachte mir, wenn ich zufällig einen Fehler machte, sollte er es mir nicht am Gesicht ablesen. Er sagte, ihm läge an meiner Kundschaft mehr als an der jedes anderen Bewohners der Stadt.

»In Ordnung«, sagte ich und begann wieder, mit meinem großen Thema zu ringen, als er mich zurückrief und sagte, er müsse notwendigerweise noch wissen, wie viele »Spitzen« ich aufgepflanzt haben wolle, auf welchen Teilen des Hauses ich sie wünsche und welche Qualität der Stäbe ich bevorzuge. Es war eine knifflige Situation für einen, der mit den dringenden Erfordernissen der Hausverwaltung nicht vertraut war; aber ich zog mich achtbar aus der Klemme, und vermutlich ahnte er nicht einmal, daß ich Anfänger war. Ich hieß ihn, acht Spitzen aufzustellen, und zwar alle auf dem Dach, und die besten Stäbe zu verwenden.

Er sagte, er könne den »einfachen« Stab zu zwanzig Cent pro Fuß liefern, »verkupferte« für fünfundzwanzig Cent, »mit Zinkblech überzogene, spiralig gewundene« für dreißig Cent; letztere würden einen Blitz jederzeit aufhalten, ganz gleich, wo er hingehen sollte, und würden »seine Botschaft unschädlich und seinen weiteren Weg apokryph« machen.

Ich sagte, apokryph sei ein so miserables Wort nicht, wenn man bedenke, wo es hergekommen sei, aber Philologie beiseite, mir gefalle der spiralig gewundene, und ich wolle die Sorte haben.

Darauf sagte er, er *könne* es so einrichten, daß zweihundertfünfzig Fuß reichten; um die Sache aber ordentlich zu machen und die beste Arbeit in der Stadt zu liefern, um die Bewunderung der Gerechten wie der Ungerechten zu erwecken und sie alle zu dem Urteil zu bringen, daß sie in ihrem Leben noch keine so symmetrische und hypothetische Anlage von Blitzableitern gesehen hätten, nehme er an, wirklich nicht mit weniger als vierhundert Fuß auskommen zu können, obgleich er nicht repressalisch sei und glaube, es versuchen zu wollen.

Ich sagte, nur immer los, und er solle vierhundert nehmen und daraus alles machen, was er nur wünsche, bloß solle er mich wieder an meine Arbeit lassen.

So wurde ich ihn schließlich los, und nun, nachdem ich eine halbe Stunde gebraucht habe, den Faden meiner Gedanken über Nationalökonomie wieder aufzunehmen, bin ich so weit, daß ich fortfahren kann.

»...die reichsten Schätze ihres Genies, ihrer Lebenserfahrung und ihrer Gelehrsamkeit verwandt. Die großen Lichter der kommerziellen Jurisprudenz, internationalen Konfraternität und biologischen Inklination aller Zeitalter, aller Zivilisationen und aller Nationalitäten von Zarathustra bis Horace Greely haben...«

Hier wurde ich wieder unterbrochen und aufgefordert, hinunterzugehen und mich weiter mit meinem Blitzableitermann zu beraten. Ich jagte los, brodelnd und überschäumend von gewaltigen Gedanken, die in Worte so erhabener Majestät gefaßt waren, daß jedes einzelne von ihnen eine sich lang hinziehende Prozession von Silben darstellte, welche fünfzehn Minuten zum Passieren eines bestimmten Punktes brauchen würde, und noch einmal trat ich ihm gegenüber – er ruhig und liebenswürdig, ich hitzig und wütend.

Er stand da in der nachdenklichen Haltung des Kolosses von Rhodos, mit einem Fuß auf meiner jungen Nachthyazinthe und dem anderen zwischen meinen Stiefmütterchen, die Hände in die Hüften gestemmt, die Hutkrempe heruntergeschlagen, ein Auge geschlossen und mit dem anderen sachverständig und bewundernd in Richtung meines Hauptschornsteins starrend.

Er sagte, nun, *das* sei eine Sache, die einen mit Freude am Leben erfülle, und er fügte hinzu: »Sagen Sie selbst, ob Sie jemals etwas so deliriös Pittoreskes gesehen haben wie acht Blitzableiter auf einem Schornstein?«

Ich antwortete, ich könne mich im Augenblick an nichts erinnern, was das überträfe.

Er sagte, daß seiner Meinung nach auf dieser Welt auf dem Gebiete der natürlichen Landschaft nur die Niagarafälle dem überlegen wären. Alles, was noch fehle, so glaube er wahrhaftig, um aus meinem Hause einen vollkommenen Balsam für das Auge zu machen, sei, die anderen Schornsteine ein bißchen aufzufrischen und so »dem großzügigen Coup d'œil eine besänftigende Uniformität der Ausführung zukommen zu lassen, welche die Erregung beschwichtigen würde, die sich naturgemäß konsequent aus dem ersten Coup d'Etat ergebe«.

Ich fragte, ob er das Reden aus einem Buch gelernt habe und ob ich es irgendwo ausleihen könne.

Er lächelte freundlich und sagte, seine Redeweise werde nicht in Büchern gelehrt, und nichts als Vertrautheit mit dem Blitz könne es einem Mann ermöglichen, den Stil seiner Konversation unverfemt zu handhaben. Dann überschlug er einige Zahlen und sagte, ungefähr acht weitere Blitzableiter, über das Dach verteilt, brächten die Sache in Ordnung, und er schätze, daß fünfhundert Fuß Material reichen würden; er fügte hinzu, die ersten acht hätten sozusagen einen kleinen Vorsprung vor ihm gewonnen und eine bloße Kleinigkeit mehr an Material verbraucht, als er veranschlagt hatte – rund hundert Fuß etwa.

Ich äußerte, ich hätte es furchtbar eilig und ich wünschte, wir könnten diese Angelegenheit endgültig festlegen, so daß ich mit meiner Arbeit fortfahren könne.

Er sagte: »Ich hätte diese acht Blitzableiter anbringen und meiner Wege gehen können – einige Leute hätten das getan. Aber nein, ich sagte mir, diesen Mann kenne ich nicht, und ich will zugrunde gehen, wenn ich ihn unreell bediene; es sind zu wenige Blitzableiter auf dem Hause, und für mein Teil will ich mich nie mehr vom Fleck rühren, wenn ich nicht tue, wie ich will, daß man mir tu, und so sage ich Ihnen: Fremder, meine Pflicht ist erfüllt; wenn der renitente und dephlogistische Bote des Himmels einschlägt in Ihrem...«

»Oh, ruhig, still«, sagte ich, »bringen Sie die anderen acht an, nehmen Sie fünfhundert Fuß spiralig Gewundenen, tun Sie alles und jedes, was Sie wollen – aber lindern Sie Ihre Leiden und versuchen Sie Ihre Gefühle dort zu halten, wo Sie sie mit dem Wörterbuch erreichen können. Unterdessen, wenn wir einander nun verstehen, will ich wieder an meine Arbeit gehen.«

Ich glaube, diesmal habe ich eine geschlagene Stunde hier gesessen und versucht, mich dorthin wieder zurückzuversetzen, wo ich gewesen war, als mein Gedankengang durch die letzte Unterbrechung abgeschnitten wurde; aber ich glaube, ich habe es endlich geschafft und darf nun fortfahren.

»... mit diesem großen Thema gerungen, und die bedeutendsten unter ihnen haben in ihm einen würdigen Gegner entdeckt, einen, der nach jeder Niederlage immer wieder frisch und lächelnd aufsteht. Der große Konfuzius sagte, er wolle lieber ein scharfsinniger Nationalökonom als Polizeichef sein. Cicero sagte mehrmals, die Nationalökonomie sei die großartigste Leistung, die sich der menschliche Geist leisten könne; und sogar unser Greely hat verschwommen, aber eindringlich gesagt: ›*Die National...*‹«

Hier ließ mich der Blitzableitermann erneut rufen. Ich ging in einer Gemütsverfassung hinunter, die an Ungeduld grenzte. Er sagte, er wäre lieber gestorben, als daß er mich unterbrochen hätte, aber wenn er zu einer Arbeit bestellt werde und man erwarte, daß diese Arbeit sauber und fachgerecht getan würde, und wenn sie dann fertig sei und die Strapazen ihn veranlaßten, die Ruhe und Erholung zu suchen, deren er so sehr bedürfe, und er im Begriff stehe, ihnen nachzugehen, aber aufsehe und auf den ersten Blick feststelle, daß alle Voranschläge ein bißchen danebengehauen hätten, und wenn ein Gewitter aufkommen sollte und das Haus, an dem ihm persönlich etwas gelegen sei, stehe da und besitze zu seinem Schutze weiter nichts auf Erden als sechzehn Blitzableiter...

»Schließen wir Frieden!« schrie ich. »Bringen Sie hundertfünfzig an! Pflanzen Sie einige auf die Küche! Pflanzen Sie ein Dutzend auf die Scheune! Setzen Sie der Kuh ein paar auf! Setzen Sie der Köchin einen auf! Verteilen Sie alle über das ganze geplagte Anwesen, bis es aussieht wie ein verzinktes, spiralig gewundenes, silberbeschlagenes Röhricht! Rühren Sie sich! Verbrauchen Sie alles Material, dessen Sie nur habhaft werden können, und wenn Ihnen zu den Blitzableitern die Stangen ausgehen, dann nehmen Sie Pleuelstangen, Treppenläuferstangen, Stoßstangen, Zuckerstangen – alles, was Ihrer elenden Leidenschaft für künstliche Landschaft willfährt und meinem rasenden Hirn Ruhe und meiner gefolterten Seele Heilung bringt!«

Nicht im mindesten gerührt – bis auf ein süßes Lächeln – schlug dieses hartgesottene Wesen nur elegant die Manschetten zurück und sagte, er wolle nun darangehen und sich ins Zeug legen.

Nun, das war vor fast drei Stunden. Es ist fraglich, ob ich mich schon wieder soweit gefaßt habe, daß ich über das erhabene Thema der Nationalökonomie zu schreiben vermag, aber ich kann dem Verlangen nicht widerstehen,

es zu versuchen, denn es ist dasjenige Thema, das von aller Philosophie dieser Welt mir am meisten ans Herz gewachsen und meinem Verstand am teuersten ist.
»›...ökonomie ist des Himmels größter Segen für den Menschen.‹ Als der liederliche, doch begabte Byron im venezianischen Exil lag, erklärte er, wenn ihm gewährt würde, zurückzukehren und sein vertanes Leben noch einmal zu leben, würde er seine lichten, nüchternen Augenblicke nicht dem Dichten frivoler Reime, sondern dem Verfassen von Essays über Nationalökonomie widmen. Washington liebte diese vorzügliche Wissenschaft; Namen wie Baker, Beckwith, Judson, Smith sind mit ihr unvergänglich verknüpft; und sogar der gebieterische Homer sagte im neunten Buch der Ilias:

> Fiat justitia, ruat coelum,
> Post mortem unum, ante bellum,
> Hic jacet hoc, ex-parte res,
> Politicum e-conomico est.

Die Erhabenheit dieser ursprünglichen Ideen des alten Dichters zusammen mit der glücklichen Wahl der Worte, in welche sie gekleidet sind, und der Herrlichkeit der Bilder, welche sie illustrieren, haben dieser Strophe einen eigenen Rang verliehen und sie berühmter gemacht als alle anderen, die je...«
»Also, sprechen Sie kein Wort – kein einziges Wort. Stellen Sie die Rechnung aus, und verfallen Sie auf diesem Grundstück für immer und ewig in undurchdringliches Schweigen. Neunhundert Dollar? Ist das alles? Diesen Scheck über den Betrag wird jede ehrliche Bank Amerikas einlösen. Wozu hat sich diese Menschenmenge auf der Straße versammelt? Wie? ›...sich die Blitzableiter angukken!‹ Du meine Güte, haben die noch nie einen Blitzableiter gesehen? Haben ›noch keinen solchen Wald auf einem Hause gesehen‹, wenn ich Sie recht verstanden habe? Ich werde hinuntergehen und diesen allgemeinen Ausbruch von Ignoranz kritisch in Augenschein nehmen.«
Drei Tage später. Wir sind alle fast erschöpft. Vierund-

zwanzig Stunden lang war unser borstiges Haus das Thema und das Wunder der Stadt. Die Theater lagen danieder, denn ihre besten Einfälle von Bühnenbildern waren zahm und alltäglich im Vergleich zu meinen Blitzableitern. Tag und Nacht war unsere Straße von Betrachtern verstopft, und unter ihnen befanden sich viele, die vom Lande gekommen waren, um sich das anzusehen. Es war eine segensreiche Erlösung, als am zweiten Tage ein Gewitter aufzog und der Blitz begann, auf mein Haus »loszugehen«, wie es der Geschichtsschreiber Josephus so anheimelnd formuliert. Das räumte sozusagen den Saal. Binnen fünf Minuten gab es im Umkreis einer halben Meile von meinem Hause keinen Zuschauer mehr, aber alle hohen Häuser in ungefähr dieser Entfernung waren voller Menschen, die Fenster, Dächer und alles. Und das konnten sie auch gut sein, denn alle Sternschnuppen und Feuerwerke des 4. Juli einer Generation zusammengenommen und gleichzeitig in einem brillanten Wolkenbruch vom Himmel auf ein hilfloses Dach herunterprasselnd, hätten das pyrotechnische Schauspiel nicht überbieten können, das mein Haus in der allgemeinen Düsternis des Gewitters so herrlich augenfällig machte.

Nach genauer Zählung schlug der Blitz in vierzig Minuten siebenhundertvierundsechzigmal in meinem Hause ein, hüpfte aber jedesmal auf einen der getreuen Blitzableiter, glitt die spiralige Windung hinunter und schoß in die Erde, wahrscheinlich bevor er Zeit hatte, erstaunt darüber zu sein, wie die Sache vor sich ging. Und bei dem ganzen Bombardement wurde nur ein Stück Schiefer aufgerissen, und das nur, weil in ein und demselben Augenblick die benachbarten Blitzableiter alle Blitze beförderten, die sie nur aufnehmen konnten. Nun, so etwas hat man seit Bestehen der Welt noch nicht gesehen. Einen ganzen Tag und eine Nacht hindurch konnte kein Mitglied meiner Familie den Kopf zum Fenster hinausstecken, ohne daß er ihm so glatt wie eine Billardkugel geschoren wurde; und wenn mir der Leser glauben will, nicht einer dachte auch nur im Traume daran, hinauszugehen.

Doch schließlich näherte sich die furchtbare Belagerung

dem Ende – weil in den Wolken über uns, in greifbarer Entfernung von meinen unersättlichen Blitzableitern, absolut keine Elektrizität mehr übrig war. Dann brach ich aus und rief kühne Handwerker zusammen, und keinen Bissen nahmen wir zu uns und kein Auge drückten wir zu, bevor das Grundstück all der schrecklichen Kriegsausrüstung gänzlich entkleidet war, mit Ausnahme von nur drei Blitzableitern auf dem Hause, einem über der Küche und einem auf der Scheune – und siehe da, diese befinden sich bis zum heutigen Tage noch dort. Dann erst, keinen Augenblick eher, wagten es die Leute wieder, unsere Straße zu benutzen. Hier möchte ich so nebenbei bemerken, daß ich während jener fürchterlichen Zeit meinen Essay über Nationalökonomie nicht fortgesetzt habe. Nicht einmal jetzt haben sich mein Verstand und meine Nerven genügend beruhigt, daß ich ihn wieder aufnehmen könnte.

An alle Interessenten. Wer Bedarf an dreitausendzweihundertundelf Fuß bestem verzinkten, spiralig gewundenen Material für Blitzableiterstangen und sechzehnhundertundeinunddreißig Silberspitzen hat, alles in leidlichem Zustand (und obwohl durch Gebrauch stark abgenutzt, dennoch jedem normalen Bedarfsfalle gewachsen), wende sich betreffs eines Angebots an den Herausgeber.

MRS. McWILLIAMS UND DAS GEWITTER

»Ja, Sir«, fuhr Mr. McWilliams fort, denn das war nicht der Anfang seiner Rede, »die Furcht vor dem Gewitter ist eine der qualvollsten Schwächen, mit denen ein Mensch behaftet sein kann. Meist werden nur Frauen davon betroffen; doch hier und da findet man sie bei einem kleinen Hund und manchmal bei einem Mann. Es ist eine besonders schmerzliche Schwäche, weil sie einem Menschen das Herz viel tiefer in die Hosen rutschen läßt als jede andere Angst und weil man ihr nicht mit Vernunftgründen beikommen und sie auch niemandem durch Beschämung austreiben kann. Eine Frau, die selbst dem Teufel trotzen könnte – oder einer Maus –, verliert die Fassung und bricht völlig zusammen beim Anblick eines niederfahrenden Blitzes. Es ist jämmerlich, ihre Furcht mit anzusehen.

Also, wie ich Ihnen sagte, ich wachte auf, den halberstickten und nicht zu lokalisierenden Schrei ›Mortimer, Mortimer!‹ in den Ohren. Sobald ich meine fünf Sinne beisammen hatte, langte ich in die Dunkelheit hinüber und sagte:

›Evangeline, bist du das, der ruft? Was ist denn los? Wo steckst du denn?‹

›Eingeschlossen im Stiefelschrank. Du solltest dich was schämen, dazuliegen und zu schlafen bei solch einem fürchterlichen Gewitter.‹

›Wieso, wie kann man sich denn schämen, wenn man schläft? Das ist Unsinn. Man kann sich nicht schämen, wenn man schläft, Evangeline.‹

›Du hast es ja noch nicht versucht, Mortimer – du weißt ganz genau, du versuchst es ja nicht.‹

Ich vernahm unterdrücktes Schluchzen. Dieser Laut erstickte die scharfen Worte, die mir auf der Zunge lagen, und ich sagte stattdessen: ›Es tut mir leid, Liebes, es tut mir wirklich leid. Ich hab es nicht so gemeint. Komm wieder her und...

›Mortimer!‹

›Allmächtiger, was ist denn los, meine Liebe?‹
›Willst du etwa sagen, daß du noch im Bett liegst?‹
›Wieso, natürlich.‹
›Steh sofort auf. Ich dächte, du solltest *ein bißchen* auf dein Leben achten, mir zuliebe und um der Kinder willen, wenn schon nicht um deinetwillen.‹
›Aber meine Liebe...‹
›Rede mir nicht, Mortimer. Du *weißt*, daß es nirgends so gefährlich ist wie im Bett bei einem solchen Gewitter – das steht in allen Büchern; aber du bleibst da liegen und wirfst dein Leben vorsätzlich weg – der Himmel weiß, warum, wenn nicht um zu streiten und zu streiten und...‹
›Aber zum Teufel, Evangeline, *jetzt* bin ich nicht im Bett. Ich bin...‹
Der Satz wurde von einem plötzlichen Blitzstrahl unterbrochen, dem ein erschreckter kleiner Schrei von Mrs. McWilliams und ein ungeheurer Donnerschlag folgten.
›Da hast du's. O Mortimer, wie kannst du nur so ruchlos sein und in solchem Augenblick fluchen?‹
›Ich habe nicht geflucht. Und jedenfalls kam das nicht davon. Der wäre ganz genauso gekommen, wenn ich kein Wort gesagt hätte; und du weißt sehr wohl, Evangeline, jedenfalls solltest du das wissen, wenn die Atmosphäre mit Elektrizität geladen ist...‹
›O ja, nun streite darüber und streite! Ich verstehe nicht, wie man sich so benehmen kann, wo du *weißt*, daß wir keinen Blitzableiter auf dem Hause haben und deine Frau und deine Kinder vollkommen auf die Gnade der Vorsehung angewiesen sind. Was *machst* du da? Ein Streichholz anzünden in solchem Augenblick! Bist du völlig verrückt?‹
›Zum Henker, Weib, was ist denn dabei? Hier drin ist es finster wie im Bauch eines Heiden, und...‹
›Mach's aus! Mach's sofort aus! Legst du's darauf an, uns alle zu opfern? Du *weißt*, daß nichts den Blitz so anzieht wie Licht.‹
Fzt! – Krach! – Bumm-bolumm-bumbum!
›Oh, hör nur! Jetzt siehst du, was du angerichtet hast!‹
›Nein, ich seh *nicht*, was ich angerichtet habe. Vielleicht

mag ein Streichholz den Blitz anziehen, was weiß ich, aber es *verursacht* keinen Blitz – da geh ich jede Wette ein. Und diesmal hat es ihn nicht für einen Cent angezogen, denn wenn der Schuß meinem Streichholz gegolten hat, dann wär' er verdammt schlecht gezielt – von solchen Schüssen trifft im Durchschnitt von einer Million nicht einer, würde ich sagen. Na, in Dollymount würde ein solcher Schütze...‹

›Schäm dich, Mortimer! Hier stehen wir im Angesicht des Todes, und du bist in so einem feierlichen Augenblick imstande, solche Reden zu führen. Wenn du nicht willst, daß – Mortimer!‹

›Ja?‹

›Hast du heute abend gebetet?‹

›Ich – ich wollte ja, aber dann fiel mir ein zu versuchen, ob ich herausbekomme, wieviel zwölf mal dreizehn ist, und...‹

Fzt! – Bummberumbumm! Bumbelumbel peng! Krach!

›Oh, wir sind verloren, rettungslos verloren! Wie *konntest* du so was nur vergessen in solchem Augenblick?‹

›Aber es war nicht »in solchem Augenblick«. Kein Wölkchen war am Himmel. Woher sollte *ich* denn wissen, daß wegen dieser kleinen Unterlassung gleich so ein Gerumpel und Spektakel losgehen würde? Und ich glaube auch nicht, daß es richtig von dir ist, so ein Tamtam deshalb zu machen, überhaupt, wo mir das so selten passiert. Ich hatte es nicht wieder vergessen, nachdem ich schließlich schon vor vier Jahren das Erdbeben heraufbeschwor.‹

›Mortimer! Wie du sprichst! Hast du das Gelbfieber vergessen?‹

›Meine Liebe, ständig wirfst du mir das Gelbfieber vor, und ich denke, das ist doch vollkommen unberechtigt. Man kann ohne Zwischenstationen nicht einmal ein Telegramm von hier nach Memphis schicken, wie sollte dann ein kleiner Verstoß gegen die Frömmigkeit so weit tragen? Das Erdbeben will ich noch hinnehmen, weil es hier in der Nähe war, aber ich lasse mich hängen, wenn ich verantwortlich sein soll für jedes lumpige...‹

Fzt! – Bummberumbumm! Bum. – Peng!

›Ogottogott, es hat eingeschlagen, ich *weiß* es, Mortimer. Nie mehr werden wir das Licht eines neuen Tages erblicken; und es wird dir gut tun, dich zu erinnern, wenn wir nicht mehr sind, daß dein gottloses Gerede – Mortimer!‹

›Ja, was gibt's denn jetzt wieder?‹

›Deine Stimme klingt, als ob – Mortimer, stehst du wirklich vor dem offenen Kamin?‹

›Das ist genau das Verbrechen, das ich gerade verübe.‹

›Geh weg dort, auf der Stelle! Du scheinst tatsächlich entschlossen, uns alle zugrunde zu richten. *Weißt* du nicht, daß es keinen besseren Blitzfang gibt als einen offenen Kamin? Wo bist du denn *jetzt* hingeraten?‹

›Ich stehe hier am Fenster.‹

›Oh, um Himmels willen! Hast du den Verstand verloren? Schnurstracks gehst du von dort weg! Jedes Wickelkind weiß, wie gefährlich es ist, bei Gewitter am Fenster zu stehen. Ogottogott, ich weiß, ich werde nie mehr das Licht eines neuen Tages erblicken! Mortimer!‹

›Ja.‹

›Was ist das für ein Geraschel?‹

›Das bin ich.‹

›Was machst du?‹

›Suche das obere Ende meiner Unterhose.‹

›Schnell! Wirf das Ding weg! Ich glaube gar, du ziehst dir in solchem Augenblick absichtlich diese Hose an; dabei weißt du ganz genau, alle Fachleute sind sich darüber einig, daß wollene Sachen den Blitz anziehen. Ogottogott, es ist nicht genug, daß unser Leben von Naturgewalten bedroht ist, da mußt du auch noch alles anstellen, was dir nur einfällt, um die Gefahr zu erhöhen. Oh, *singe* nicht! Was denkst du dir bloß?‹

›Nun, was schadet denn das?‹

›Mortimer, ich hab dir's gesagt, hab dir's schon hundertmal gesagt, daß Singen die Atmosphäre in Schwingungen versetzt, die den Fluß des elektrischen Stroms unterbrechen und... Um alles in der Welt, weshalb machst du die Tür auf?‹

›Guter Gott, Weib, schadet denn *das* etwas?‹

›Schaden? Uns umbringen, meinst du! Jeder, der sich mal

irgendwie mit der Frage beschäftigt hat, weiß, wer einen Luftzug verursacht, lädt den Blitz direkt ein. Du hast sie erst halb zugemacht; mach sie richtig zu – und beeil dich damit, oder wir sind alle verloren. Oh, es ist ja entsetzlich, in solchem Augenblick mit einem Wahnsinnigen eingeschlossen zu sein. Mortimer, was *machst* du denn?‹

›Nichts. Drehe nur das Wasser auf. Das Zimmer ist erstickend heiß und dumpfig. Ich möchte mir Gesicht und Hände kühlen.‹

›Du hast bestimmt das letzte bißchen Verstand verloren. Wenn der Blitz in jeden anderen Stoff einmal einschlägt, schlägt er im Wasser fünfzigmal ein. Dreh's ab. O Liebster, nichts in der Welt kann uns noch retten, davon bin ich überzeugt. Mir scheint, daß – Mortimer, was war denn das?‹

›Es war ein verfl..., es war ein Bild. Heruntergestoßen!‹

›Dann stehst du also dicht an der Wand! Von so einer Unvorsichtigkeit hab ich auch noch nicht gehört! *Weißt* du denn nicht, daß nichts den Blitz besser leitet als eine Mauer? Komm weg von dort! Und du warst auch ziemlich nahe dran, zu fluchen. Oh, wie kannst du nur so furchtbar gottlos sein, wo deine Familie in solcher Gefahr schwebt! Mortimer, hast du dir ein Federbett bringen lassen, wie ich dich gebeten habe?‹

›Nein. Vergessen.‹

›Vergessen! Das kann dich das Leben kosten. Wenn du jetzt ein Federbett hättest und könntest es mitten im Zimmer ausbreiten und dich drauflegen, wärst du vollkommen sicher. Komm hier herein, komm schnell, bevor du noch Gelegenheit hast, neue wahnwitzige Dummheiten anzustellen.‹

Ich versuchte es, aber der kleine Schrank wollte uns beide bei geschlossener Tür nicht fassen, wenn wir nicht ersticken wollten. Eine Weile schnappte ich nach Luft, dann brach ich mir Bahn hinaus.

Meine Frau rief: ›Mortimer, etwas *muß* zu deiner Rettung geschehen. Reiche mir das deutsche Buch her, das am Ende des Kaminsimses steht, und eine Kerze, aber brenne sie nicht an. Gib mir ein Streichholz, ich zünde sie hier drin an. In dem Buch stehen einige Ratschläge.‹

Ich holte das Buch – auf Kosten einer Vase und einiger anderer zerbrechlicher Sachen, und die Gnädige schloß sich mit ihrer Kerze ein. Einen Augenblick hatte ich Ruhe; dann rief sie heraus: ›Mortimer, was war das?‹

›Nichts, nur die Katze.‹

›Die Katze! O Verderben! Fang sie und sperr sie in die Waschtoilette. Mach doch schnell, Liebes; Katzen stecken *voller* Elektrizität. Ich weiß schon, ich bekomme noch graue Haare von den entsetzlichen Gefahren dieser Nacht.‹

Wieder vernahm ich das unterdrückte Schluchzen. Wenn das nicht gewesen wäre, hätte ich in der Dunkelheit zu solch einem wilden Unterfangen weder Hand noch Fuß gerührt. So aber machte ich mich an die Arbeit – kletterte über Stühle, stieß gegen alle möglichen Hindernisse, die alle hart und meist auch scharfkantig waren, und erwischte endlich das Kätzchen und sperrte es in die Kommode, was insgesamt mehr als vierhundert Dollar an zerbrochenen Möbeln und Schienbeinen kostete.

Dann drangen aus dem Schrank dumpf die Worte: ›Hier steht, das sicherste ist, man stellt sich mitten im Zimmer auf einen Stuhl, Mortimer; und die Stuhlbeine müssen mit Nichtleitern isoliert sein. Das heißt, du mußt die Stuhlbeine in Trinkgläser stellen.‹

Fzt! – Bum! – Peng! – Krach!

›Oh, hör bloß! Beeil dich, Mortimer, eh du erschlagen wirst.‹

Es gelang mir, Gläser zu finden und sicherzustellen. Ich brachte die letzten vier – zerschlug alle übrigen. Ich isolierte die Stuhlbeine und bat um weitere Instruktionen.

›Mortimer, hier steht‹ – sie zitierte deutsch: »Während eines Gewitters entferne man Metall wie zum Beispiel Ringe, Uhren, Schlüssel etc. von sich und halte sich auch nicht an solchen Stellen auf, wo viel Metall beieinanderliegt oder mit anderen Körpern verbunden ist wie an Herden, Öfen, Eisengittern und dergleichen.« Was heißt das, Mortimer? Heißt das nun, daß man Metall an sich haben oder von sich fernhalten soll?‹

›Ja, ich weiß auch nicht recht. Es scheint ein bißchen durcheinanderzugehen. Alle deutschen Ratschläge gehen mehr oder weniger durcheinander. Allerdings glaube ich, daß der Satz meist im Dativ steht, hier und da ein wenig Genitiv und Akkusativ hineingesiebt, auf gut Glück; deshalb nehme ich an, es bedeutet, daß man etwas Metall an sich haben soll.‹

›Ja, so muß es wohl sein. Jedem vernünftigen Menschen ist das klar. Metall wirkt, weißt du, wie ein Blitzableiter. Setz deinen Feuerwehrhelm auf, Mortimer, der ist größtenteils aus Metall.‹

Ich holte ihn und setzte ihn auf – ein recht schweres, plumpes und unbequemes Ding in einer heißen Nacht in einem stickigen Zimmer. Selbst mein Nachthemd war mir schon zuviel.

›Mortimer, ich glaube, du solltest dich noch um die Mitte herum schützen. Willst du nicht bitte deinen Bürgerwehrsäbel umschnallen?‹

Ich fügte mich.

›Nun, Mortimer, du solltest auch auf irgendeine Art deine Füße schützen. Schnall bitte deine Sporen um.‹

Ich tat es schweigend und behielt die Ruhe, so gut ich konnte.

›Mortimer, hier steht‹ – sie zitierte wieder deutsch: »Das Gewitterläuten ist sehr gefährlich, weil die Glocke selbst sowie der durch das Läuten veranlaßte Luftzug und die Höhe des Turmes den Blitz anziehen könnten.« Mortimer, heißt das, es sei gefährlich, während eines Gewitters die Kirchenglocken nicht zu läuten?‹

›Ja, das scheint es zu bedeuten – wenn das das Partizip Perfekt des Nominativ Singularis ist, und das scheint mir der Fall zu sein. Ja, ich denke, es bedeutet, daß es auf Grund der Höhe des Kirchturmes und in Ermangelung eines Luftzuges sehr gefährlich wäre, bei einem Gewitter die Glocken nicht zu läuten; und außerdem, merkst du nicht, allein die Formulierung...‹

›Schon gut, Mortimer; verschwende nicht die kostbare Zeit mit Reden. Hol die große Tischglocke! Sie ist draußen gleich in der Diele. Schnell, Mortimer, mein Lieber; wir sind fast in Sicherheit. Ach Gott, nun glaube ich wirklich, daß wir noch einmal davonkommen!‹

Unser kleines Sommerhaus steht hoch auf einer Hügelkette und überschaut das Tal. Mehrere Bauernhäuser befinden sich in der Nachbarschaft, das nächste etwa drei- oder vierhundert Yard entfernt.

Als ich, auf dem Stuhl stehend, die furchtbare Glocke so an die sieben oder acht Minuten geläutet hatte, wurden unsere Läden plötzlich von draußen aufgerissen und eine strahlendhelle Blendlaterne zum Fenster hereingesteckt, gefolgt von der heiseren Frage: ›Was in aller Welt ist hier los?‹

Das Fenster war voller Männerköpfe und die Köpfe voller Augen, die mein Nachthemd und meine kriegerische Aufmachung wild anstierten.

Ich ließ die Glocke sinken, sprang bestürzt vom Stuhl herunter und sagte: ›Hier ist nichts weiter los, Freunde – nur ein bißchen Unbehagen wegen des Gewitters. Ich habe versucht, den Blitz abzulenken.‹

›Gewitter? Blitz? Nanu, Mr. McWilliams, haben Sie den Verstand verloren? Wir haben eine herrliche sternklare Nacht. Es hat kein Gewitter gegeben.‹

Ich schaute hinaus und war so verblüfft, daß ich eine Weile kein Wort hervorbrachte. Dann sagte ich: ›Das verstehe ich nicht. Wir haben doch den Schein der Blitze deutlich durch die Vorhänge und Fensterläden gesehen und den Donner gehört.‹

Die Leute legten sich einer nach dem anderen auf die Erde und lachten – zwei von ihnen lachten sich zu Tode. Einer der Überlebenden bemerkte: ›Ein Jammer, daß Sie nicht daran gedacht haben, Ihre Läden zu öffnen und über den hohen Berg dort drüben zu gucken. Was Sie gehört haben, waren Kanonen, und was Sie gesehen haben, war das Mündungsfeuer. Sehen Sie, gerade um Mitternacht kam über den Telegraphen die Nachricht: Garfield ist ernannt – das ist die ganze Geschichte!‹

Ja, Mr. Twain, wie ich anfangs betonte«, sagte Mr. McWilliams, »die Anweisungen zum Schutz gegen Blitzschlag sind so vortrefflich und so zahlreich, daß es mir schlechterdings unbegreiflich ist, wie es überhaupt jemand fertigbringt, vom Blitz erschlagen zu werden.«

Damit nahm er Büchermappe und Regenschirm und stieg aus, denn der Zug hatte seine Stadt erreicht.

DAS ERLEBNIS DER McWILLIAMSES
MIT DER RACHENDIPHTHERIE

Wie es dem Verfasser von Mr. McWilliams berichtet wurde, einem liebenswürdigen New Yorker Herrn, den besagter Verfasser zufällig auf einer Reise kennenlernte.

Also, um zu dem Punkt zurückzukommen, an dem ich abschweifte, um Ihnen zu erläutern, wie diese furchtbare, unheilbare Krankheit, die Rachendiphtherie, die Stadt heimsuchte und allen Müttern einen wahnsinnigen Schrecken einflößte – ich lenkte die Aufmerksamkeit meiner Frau auf die kleine Penelope und sagte:

»Liebling, an deiner Stelle würde ich das Kind nicht an dem Fichtenstecken herumkauen lassen.«

»Herzchen, was kann das schaden?« sagte sie, ging aber gleichzeitig daran, ihr den Stecken wegzunehmen, denn Frauen können nicht einmal den besten Rat ohne Widerrede annehmen; das heißt, Ehefrauen.

Ich erwiderte: »Liebste, es ist nur zu bekannt, daß Fichte das am wenigsten nahrhafte Holz für ein Kind ist.«

Die Hand meiner Frau hielt in der Bewegung inne, dem Kind den Stecken wegzunehmen, und kehrte in den Schoß zurück. Meine Frau tat sichtlich beleidigt und sagte:

»Männe, daran glaubst du doch wohl selbst nicht. Du weißt, daß du selbst nicht daran glaubst. *Alle* Ärzte sagen, daß das Terpentin des Fichtenholzes gut für schwache Rücken und für die Nieren ist.«

»Ah, ich war nicht richtig im Bilde. Ich habe nicht gewußt, daß die Nieren und das Rückgrat des Kindes angegriffen sind und daß der Hausarzt empfohlen hat...«

»Wer sagt, die Nieren und das Rückgrat des Kindes sind angegriffen?«

»Meine Liebe, du hast es zu verstehen gegeben.«

»Man stelle sich vor! Niemals habe ich etwas Derartiges zu verstehen gegeben.«

»Aber, meine Teure, es ist noch keine zwei Minuten her, daß du sagtest...«

»Zum Kuckuck damit, was ich sagte. Es ist mir egal, was ich gesagt habe. Es schadet überhaupt nichts, daß das Kind ein Stückchen Fichte kaut, wenn es Lust dazu hat, das weißt du ganz genau. Und es *soll* auch kauen. So, da hast du's!«

»Spare die Worte, meine Liebe. Ich erkenne nun die Kraft deiner Beweisführung, und ich gehe heute noch hin und werde zwei oder drei Klafter vom besten Fichtenholz bestellen. Keinem meiner Kinder soll es an etwas fehlen, während ich...«

»Oh, *bitte* geh los in dein Büro und laß mich in Ruhe. Man kann kein Wort sagen, ohne daß du es aufgreifst und anfängst zu streiten und zu streiten, bis du nicht mehr weißt, was du redest, und das weißt du *nie.*«

»Nun gut, wie du willst. Aber es mangelt deiner letzten Bemerkung an Logik, die...«

Sie war jedoch mit einer schwungvollen Geste verschwunden, bevor ich den Satz beenden konnte, und hatte das Kind mitgenommen. Beim Abendbrot trat sie mir bleich wie eine Kalkwand gegenüber:

»O Mortimer, wieder einer! Den kleinen Georgie Gordon hat's erwischt!«

»Rachendiphtherie?«

»Rachendiphtherie.«

»Besteht noch irgendeine Hoffnung für ihn?«

»Keine in der weiten Welt. Oh, was soll aus uns werden!«

Bald brachte das Kindermädchen unsere Penelope herein, damit sie Gute Nacht sagte und am Knie der Mutter das übliche Gebet sprach. Mitten in »Müde bin ich, geh zur Ruh« hustete sie leicht. Wie vom Schlag gerührt, sank meine Frau zurück. Doch im nächsten Augenblick war sie aufgestanden, besessen von der Geschäftigkeit, die der Schrecken hervorruft.

Sie ordnete an, daß das Krankenbett vom Kinderzimmer in unser Schlafzimmer gebracht werde, und sie sah selbst danach, daß ihre Anordnung ausgeführt wurde. Natürlich nahm sie mich mit. Geschwind hatten wir alles besorgt. Für das Kindermädchen wurde im Ankleidezimmer meiner Frau ein leichtes Feldbett aufgestellt. Aber nun sagte meine Frau, wir wären zu weit entfernt von dem anderen Kind, und was wäre, wenn *der Junge* die Symptome in der Nacht bekäme? – und sie erbleichte erneut, die Arme.

Wir brachten daraufhin das Bettchen und das Kindermädchen wieder ins Kinderzimmer und stellten nebenan ein Bett für uns auf.

Kurz danach sagte meine Frau allerdings: »Angenommen, der Kleine steckt sich bei Penelope an?« Der Gedanke jagte ihr einen neuen panischen Schrecken ein, und unsere ganze Sippe konnte das Kinderbett nicht wieder schnell genug aus dem Kinderzimmer schaffen, um meine Frau zu beruhigen, obgleich sie eigenhändig mit anpackte und in ihrer wilden Hast das Bett fast in Stücke brach.

Wir zogen hinunter; doch gab es dort keinen Platz, wo man das Kindermädchen unterbringen konnte, und meine Frau sagte, die Erfahrung des Kindermädchens wäre eine unschätzbare Hilfe. So kehrten wir erneut mit Sack und Pack in unser eigenes Schlafzimmer zurück und verspürten dabei große Freude, wie vom Sturm verschlagene Vögel, die ihr Nest wiederfinden.

Meine Frau eilte ins Kinderzimmer, um nachzuschauen, wie die Dinge dort stünden. Umgehend war sie mit einem neuen Schrecken zurück.

Sie sagte: »Woran *kann* das nur liegen, daß die Kleine so schläft?«

Ich sagte: »Nun, Liebling, die Kleine schläft *immer* wie ein Murmeltier.«

»Weiß ich, weiß ich. Aber irgend etwas kommt mir bei ihrem Schlaf jetzt sonderbar vor. Sie scheint so ... so ... sie scheint so *regelmäßig* zu atmen. Oh, es ist schrecklich.«

»Aber, meine Liebe, sie atmet doch immer regelmäßig.«

»Oh, ich weiß, aber jetzt hat es was Schreckliches an sich. Das Kindermädchen ist zu jung und unerfahren. Maria soll bei ihr bleiben und zur Hand sein, wenn irgend etwas passiert.«

»Das ist ein guter Gedanke, aber wer hilft *dir*?«

»Du kannst mir bei allem helfen, bei dem ich Hilfe

brauche. Zu solcher Zeit würde ich sowieso niemandem außer mir erlauben, etwas zu tun.«

Ich sagte, ich würde mir schäbig vorkommen, im Bett zu liegen und zu schlafen und sie die liebe lange Nacht bei unserer kleinen Patientin wachen und sich um sie abrackern zu lassen. Aber sie beschwichtigte mich. So schied die alte Maria und bezog ihr früheres Quartier im Kinderzimmer.

Penelope hustete zweimal im Schlaf.

»Oh, weshalb *kommt* der Doktor nicht? Mortimer, dieses Zimmer ist zu warm. Das Zimmer ist bestimmt zu warm. Stell die Heizung ab – schnell!«

Ich stellte sie ab, wobei ich einen Blick auf das Thermometer warf und mich verwundert fragte, ob zwanzig Grad für ein krankes Kind wirklich zu warm sei.

Nun traf der Kutscher mit der Nachricht aus der Stadt ein, daß unser Arzt krank und bettlägerig sei. Meine Frau richtete matte Augen auf mich und sprach mit matter Stimme: »Das ist höhere Gewalt. Es ist vorherbestimmt. Er war noch nie krank. Noch nie. Wir haben nicht so gelebt, wie wir hätten leben sollen, Mortimer. Immer wieder habe ich dir das gesagt. Jetzt siehst du, wozu das geführt hat. Nie mehr wird unser Kind gesund werden. Sei dankbar, wenn du dir verzeihen kannst; ich kann mir niemals verzeihen.«

Ohne kränkende Absicht, doch mit unbedacht gewählten Worten sagte ich, es wäre mir nicht bewußt, daß wir so ein verworfenes Leben geführt hätten.

»*Mortimer!* Willst du das Strafgericht auch noch über das Baby bringen!«

Dann begann sie zu weinen, rief aber plötzlich aus: »Der Doktor muß doch Arzneien mitgeschickt haben!«

Ich sagte: »Gewiß. Hier sind sie. Ich habe nur gewartet, bis du mich zu Worte kommen läßt.«

»Nun gib sie schon her. Weißt du nicht, daß jeder Augenblick jetzt kostbar ist? Was hat es aber für einen Zweck, Arzneien zu schicken, wenn er *weiß*, daß die Krankheit unheilbar ist?«

Ich sagte, wo noch Leben ist, ist auch Hoffnung.

»Hoffnung! Mortimer, du weißt ebensowenig, was du sprichst, wie ein ungeborenes Kind. Wenn du nur ... so wahr ich lebe, die Verordnungen lauten, jede Stunde ein Teelöffel. Jede Stunde! – als ob wir noch ein ganzes Jahr Zeit hätten, das Kind zu retten. Mortimer, bitte beeile dich. Gib dem armen dahinsiechenden Ding einen Eßlöffel davon und *versuche*, schnell zu machen!«

»Aber, meine Liebe, ein Eßlöffel könnte...«

»*Treib* mich nicht zum Wahnsinn!... So, so, mein Schätzchen, mein alles; das ist garstiges, bitteres Zeug, aber es ist gut für Nelly – gut für Mutters liebstes Schätzchen; und es macht Nelly gesund. So, so, leg das Köpfchen an Mamas Brust und schlaf ein, ganz schnell – oh, ich weiß, bis zum Morgen kann sie nicht mehr durchhalten! Mortimer, ein Eßlöffel jede halbe Stunde wird... Oh, das Kind braucht auch Belladonna; ich weiß, das braucht sie – und Eisenhut. Hol das, Mortimer. Nun laß mich schon machen. Von diesen Dingen verstehst du nichts.«

Dann gingen wir schlafen, wobei wir das Kinderbett dicht neben das Bett meiner Frau rückten. Der ganze Aufruhr hatte mich ein bißchen mitgenommen, und innerhalb zweier Minuten war ich ein bißchen mehr als halb eingeschlafen. Meine Frau weckte mich auf:

»Liebling, ist die Heizung eingeschaltet?«

»Nein.«

»Das hab ich mir gedacht. Bitte stell sie sofort an. Es ist kalt im Zimmer.«

Ich stellte sie an und versank augenblicklich wieder in Schlaf. Wieder wurde ich aufgeweckt: »Liebster, würdest du so gut sein und das Kinderbett an deine Seite schieben? Dort ist es näher an der Heizung.«

Ich schob es herum, kam aber mit dem Bettvorleger in Kollision und weckte das Kind auf. Wieder duselte ich ein, während meine Frau die Märtyrerin besänftigte. Aber nach einer kurzen Weile drangen die folgenden Worte, entfernt gemurmelt, durch den Nebel meiner Schläfrigkeit: »Mortimer, wenn wir nur etwas Gänsefett hätten – klingelst du mal?«

Verträumt kletterte ich aus dem Bett und trat auf eine

Katze, die mit einem Protest antwortete und dafür einen
überzeugenden Tritt empfangen hätte, hätte ihn nicht statt
dessen ein Stuhl abbekommen.

»Na, Mortimer, weshalb willst du denn die Lampe anzünden und das Kind wieder aufwecken?«

»Weil ich nachsehen will, wie schlimm meine Verletzungen sind, Caroline.«

»Nun, sieh dir auch den Stuhl an – ich bezweifle nicht,
daß er zertrümmert ist. Arme Katze, angenommen...«

»Also, ich werde überhaupt nichts annehmen betreffs der
Katze. Das wäre niemals passiert, wenn Maria hätte hier-
bleiben und diese Dienste erledigen dürfen, die in ihr Fach
schlagen und nicht in meins.«

»Aber Mortimer, ich möchte glauben, du solltest dich
schämen, so etwas zu äußern. Es ist traurig, wenn du nicht
die paar kleinen Dinge erledigen kannst, um die ich dich
zu solch schrecklicher Zeit bitte, wo unser Kind...«

»Na, na, ich will ja alles tun, was du willst. Aber mit
dieser Klingel kann ich niemanden wecken. Sie sind alle zu
Bett. Wo ist das Gänsefett?«

»Auf dem Kaminsims im Kinderzimmer. Wenn du mal
gehen und es Maria sagen würdest...«

Ich holte das Gänsefett und legte mich wieder schlafen.
Erneut wurde ich gerufen: »Mortimer, ich störe dich ja so
ungern, aber das Zimmer ist noch zu kalt, um das Fett auf-
zulegen. Würdest du mal bitte Feuer machen? Es ist alles
fertig und braucht nur angezündet zu werden.«

Ich schleppte mich aus dem Bett und zündete das Feuer
an; dann setzte ich mich trostlos hin.

»Mortimer, setz dich nicht hin und hol dir den Tod in
der Kälte. Komm ins Bett.«

Als ich hineinkroch, sagte sie: »Aber warte mal einen
Augenblick. Gib doch bitte dem Kind noch etwas Medizin.«

Was ich tat. Es war eine Medizin, die ein Kind mehr
oder weniger lebendig macht; so benutzte meine Frau beim
Erwachen der Kleinen die Gelegenheit, sie auszuziehen
und ganz und gar mit dem Gänsefett einzuschmieren. Bald
war ich wiederum eingeschlafen, aber ich mußte noch einmal aufstehen.

»Mortimer, es zieht. Ich spüre es genau, daß es zieht. Nichts ist so schlimm bei dieser Krankheit wie Zug. Schiebe doch bitte das Kinderbett vor das Feuer.«

Das tat ich und kam wieder mit dem Bettvorleger in Konflikt, den ich ins Feuer warf. Meine Frau sprang aus dem Bett und rettete ihn, und wir wechselten ein paar Worte. Ich schlief wieder einen winzigen Augenblick, stand dann auf Wunsch auf und stellte eine heiße Leinsamenpackung her. Diese wurde dem Kind auf die Brust gelegt und dort gelassen, um ihre heilsame Wirkung auszuüben.

Ein Holzfeuer ist nicht von ewiger Dauer. Alle zwanzig Minuten stand ich auf und legte nach, und das bot meiner Frau Gelegenheit, die Abstände des Medizingebens um zehn Minuten zu verringern, was ihr große Befriedigung gewährte. Hin und wieder erneuerte ich zwischendurch die heiße Packung und legte dort Senf- und andere Arten von Zugpflaster auf, wo an dem Kinde noch unbedeckte Stellen zu finden waren. Nun, gegen Morgen ging das Holz zu Ende, und meine Frau wünschte, daß ich in den Keller hinunterginge und noch mehr holte.

Ich sagte: »Meine Liebe, das ist eine mühselige Arbeit, und dem Kinde muß bald warm genug sein in der zusätzlichen Bekleidung. Könnten wir nicht noch einen heißen Umschlag machen und...«

Ich sprach nicht zu Ende, da ich unterbrochen wurde. Eine kurze Weile schleppte ich Holz von unten herauf, und dann ging ich zu Bett und begann zu schnarchen, wie nur jemand schnarchen kann, der körperlich völlig zerschlagen und seelisch zermürbt ist. Gerade als es heller Tag wurde, fühlte ich mich an der Schulter gepackt, was mich sogleich zur Besinnung brachte. Meine Frau starrte auf mich herab, nach Luft ringend. Sobald sie der Worte mächtig war, sagte sie:

»Es ist alles aus. Alles aus. Das Kind schwitzt. Was *sollen* wir nur machen?«

»Meine Güte, wie du mich erschreckst! *Ich* weiß doch nicht, was wir machen sollen. Vielleicht, wenn wir es abreiben oder wieder dem Zug aussetzen...«

»Oh, du Blödian! Wir dürfen keinen Augenblick verlieren. Hol den Doktor. Geh selber. Sag ihm, er *muß* kommen, tot oder lebendig.«

Ich zerrte den armen kranken Mann aus dem Bett und brachte ihn mit. Er sah sich das Kind an und sagte, es liege nicht im Sterben. Mir bereitete das unaussprechliche Freude, aber meine Frau machte es wütend, als ob er sie persönlich beleidigt hätte. Da sagte er, der Husten des Kindes rühre nur von irgendeinem belanglosen Reiz in der Kehle her. Ich glaubte, meine Frau hatte daraufhin vor, ihm die Tür zu weisen. Der Arzt sagte nun, er wolle das Kind einmal stärker husten lassen, damit sich das Übel im Hals löse. So gab er dem Kinde etwas ein, worauf es einen Hustenanfall bekam, und sofort kam ein kleiner Holzspan oder etwas Ähnliches hervor.

»Das Kind hat keine Rachendiphtherie«, sagte er. »Es hat ein Stück Fichtenschindel oder etwas derartiges gekaut und ein paar kleine Splitter in die Kehle bekommen. Die werden ihm nichts tun.«

»Nein«, sagte ich, »das glaube ich wohl auch. Wirklich, das Terpentin, das sie enthalten, ist sehr gut für gewisse Kinderkrankheiten. Meine Frau wird Ihnen das bestätigen.«

Das tat sie jedoch nicht. Geringschätzig wandte sie sich ab und verließ das Zimmer; und seit jener Zeit gibt es eine Episode in unserem Leben, die wir nie erwähnen. Seitdem ziehen unsere Tage in tiefer, ungetrübter Gelassenheit vorüber.

(Sehr wenige Ehemänner haben so etwas erlebt wie McWilliams, und deshalb dachte sich der Verfasser, daß die Neuartigkeit dieses Erlebnisses für den Leser beiläufig von Interesse wäre.)

DIE McWILLIAMSES
UND DIE ALARMANLAGE

Die Unterhaltung floß sanft und angenehm dahin, vom Wetter zur Ernte, von der Ernte zur Literatur, von der Literatur zu Skandalgeschichten, von Skandalgeschichten zur Religion; dann machte sie einen wahllosen Sprung und landete beim Thema Alarmanlagen. Zum erstenmal verriet Mr. McWilliams nun innere Anteilnahme. Immer wenn ich dieses Zeichen auf seinem Antlitz wahrnehme, verstehe ich, hülle mich in Schweigen und gebe ihm Gelegenheit, seinem Herzen Luft zu machen. So sagte er, seine Gefühle nur schlecht beherrschend:

»Ich halte keinen Pfifferling von Alarmanlagen, Mr. Twain, keinen Pfifferling, und ich werde Ihnen erzählen, warum. Als unser Haus fast fertig war, stellten wir fest, daß wir noch etwas Geld übrig hatten, weil der Klempner nichts von ihm wußte. Ich war dafür, den Heiden damit Erleuchtung zu bringen, denn irgendwie habe ich die Heiden schon immer nicht leiden können, aber meine Frau sagte nein, wir wollen eine Alarmanlage haben. Diesem Kompromiß stimmte ich zu. Ich muß Ihnen das erklären: immer wenn ich etwas will und meine Frau will etwas anderes und wir entscheiden uns dafür, was meine Frau will – wie immer –, so nennt sie das einen Kompromiß.

Na schön, der Mann aus New York kam also und baute die Alarmanlage ein; er berechnete dreihundertfünfundzwanzig Dollar dafür und sagte, wir könnten nun beruhigt schlafen. Das taten wir auch eine Zeitlang – etwa einen Monat. Eines Nachts roch es dann nach Rauch, und mir wurde empfohlen, aufzustehen und nachzusehen, was los sei. Ich zündete eine Kerze an und ging zur Treppe. Dort begegnete mir ein Einbrecher, der aus einem Zimmer kam, einen Korb Blechsachen unter dem Arm, die er in der Dunkelheit für reines Silber gehalten hatte.

Ich sagte: ›Mein Freund, in diesem Zimmer ist Rauchen verboten.‹

Er antwortete, er sei hier fremd und man könne von ihm nicht erwarten, daß er die Hausordnung kenne; er sagte, er sei schon in vielen Häusern gewesen, die genauso gut wie dies hier seien, und man habe niemals Anstoß daran genommen. Er fügte noch hinzu, soweit seine Erfahrung reiche, hätten solche Verbote für Einbrecher ohnehin noch nie gegolten.

Ich sagte: ›Dann rauchen Sie doch weiter, wenn es so gang und gäbe ist, doch glaube ich, einem Verbrecher etwas zu gestatten, was dem Bischof verweigert wird, ist ein deutliches Zeichen sittenloser Zeiten. Doch lassen wir das: wie kommen Sie überhaupt dazu, das Haus so heimlich und hinterhältig zu betreten, ohne die Alarmanlage zu betätigen?‹

Er war verwirrt und schämte sich, dann sagte er verlegen: ›Ich bitte tausendmal um Entschuldigung. Ich habe nicht gewußt, daß Sie eine Alarmanlage haben, sonst hätte ich sie klingeln lassen. Bitte sprechen Sie nirgends darüber, wo meine Eltern davon erfahren könnten, denn sie sind alt und gebrechlich, und solch ein vermessener Bruch der geheiligten Gewohnheiten unserer christlichen Zivilisation könnte die wacklige Brücke, die düster zwischen der bleichen, schwindenden Gegenwart und den feierlichen großen Tiefen der Ewigkeit schwebt, allzu grausam zersplittern. Darf ich Sie um ein Streichholz bitten?‹

Ich sagte: ›Ihre Gefühlsregungen machen Ihnen alle Ehre, aber wenn Sie mir gestatten, metaphorischer Ausdruck ist nicht Ihre stärkste Seite. Schonen Sie Ihre Schenkel, diese Sorte kann man nur an der Schachtel anzünden, und da auch nicht immer, wenn ich mich auf meine Erfahrung verlassen kann. Aber zurück zur Sache: Wie sind Sie hier hereingekommen?‹

›Durch ein Fenster im ersten Stock.‹

Genauso war es. Die Blechwaren kaufte ich zum Pfandleihpreis, abzüglich der Inseratgebühren, zurück, wünschte dem Einbrecher eine gute Nacht, schloß das Fenster hinter ihm und zog mich zum Hauptquartier zurück, um Meldung zu erstatten. Am nächsten Morgen ließen wir den Alarmanlagenmann holen. Er kam und erklärte, der Grund, weshalb die Alarmanlage nicht losgegangen wäre, sei der, daß nur das Erdgeschoß angeschlossen sei. Es war einfach idiotisch; wenn man Waffen nur an den Beinen trägt, kann man auch gleich ganz ohne Waffen in die Schlacht gehen. Der Sachverständige schloß also den ganzen ersten Stock an die Anlage an, verlangte dreihundert Dollar dafür und ging seiner Wege.

Einige Zeit später fand ich eines Nachts einen Einbrecher im zweiten Stock. Er war gerade im Begriff, mit einem Berg verschiedenartiger Güter die Leiter hinunterzusteigen. Mein erster Gedanke war, ihm mit einer Billardqueue den Schädel einzuschlagen, aber mein zweiter war, davon Abstand zu nehmen, da er zwischen mir und dem Queuehalter stand. Der zweite Gedanke war ganz klar der gesündere; so ließ ich es bleiben und ging zu einem Kompromiß über. Ich erstand die Habe zu den genannten Sätzen, abzüglich zehn Prozent für die Benutzung der Leiter, denn es war meine Leiter. Am nächsten Tag schickten wir noch einmal nach dem Sachverständigen und ließen für dreihundert Dollar den zweiten Stock an die Alarmanlage anschließen.

Inzwischen hatte die Anzeigetafel ungeheure Dimensionen angenommen. Siebenundvierzig Schilder hatte sie, mit den Namen der verschiedenen Zimmer und Kamine, und sie nahm den Raum eines normalen Kleiderschranks ein. Der Gong hatte die Größe einer Waschschüssel und war über unserem Bett angebracht. Ein Draht führt vom Haus zum Logis des Kutschers im Stall und zu einem stattlichen Gong neben seinem Kopfkissen.

Wir hätten es ja nun gemütlich haben können, wenn eins nicht gewesen wäre. Jeden Morgen um fünf Uhr öffnete die Köchin auf dem üblichen Wege zur Arbeit die Küchentür, und bums ging der Gong los. Als das zum erstenmal passierte, dachte ich, nun sei bestimmt der letzte Tag angebrochen. Das habe ich nicht im Bett gedacht – nein, sondern draußen, denn die erste Wirkung dieses furchtbaren Gongs ist, daß er einen im Hause herumschleudert, gegen die Wand schmettert, daß man sich zusammenrollt und wie eine Spinne auf der Ofenplatte kräuselt, bis jemand die Küchentür zumacht. Unbestreitbare Tatsache ist, es gibt keinen Lärm, der sich auch nur im entferntesten mit dem entsetzlichen Lärm vergleichen ließe, den dieser Gong macht.

Also, diese Katastrophe ereignete sich regelmäßig jeden Morgen um fünf Uhr und kostete uns immer drei Stunden Schlaf; denn vergessen Sie nicht: wenn einen dieses Ding aufweckt, dann weckt es einen nicht nur an bestimmten Stellen; es weckt einen am ganzen Leibe, Gewissen und alles, und hinterher hat man Lust, achtzehn Stunden hell wach zu liegen – achtzehn Stunden so unvorstellbar hell wach, wie man es noch nie erlebt hat. Einmal starb ein Fremder bei uns; wir zogen aus und überließen ihm jene Nacht unser Schlafzimmer. Hat der Fremde auf das Jüngste Gericht gewartet? Nein, mein Herr; um fünf Uhr am nächsten Morgen stand er höchst bereitwillig und ohne große Umstände auf. Das hatte ich gewußt; das hatte ich ganz genau gewußt. Er ließ sich seine Lebensversicherung auszahlen, und wenn er nicht gestorben ist, lebt er heute noch – denn es gab genügend Beweise, daß er wirklich tot gewesen war.

Nun, da wir also täglich so viel Schlaf verloren, schwanden wir langsam hinüber in ein besseres Reich. Wir ließen deshalb schließlich den Sachverständigen wieder kommen. Er zog einen Draht zur Außenseite der Tür und brachte dort einen Schalter an, mit dem Thomas, unser Bediener, ständig einen Fehler machte – wenn er zu Bett ging, stellte er die Alarmanlage ab, und bei Tagesanbruch schaltete er sie wieder ein, rechtzeitig, bevor die Köchin die Tür öffnete; so konnte uns der Gong wieder durch das Haus schleudern und manchmal mit dem einen oder anderen von uns ein Fenster einschlagen.

Nach Ablauf einer Woche merkten wir, daß die Sache mit dem Schalter eine Täuschung und Falle war. Auch entdeckten wir, daß die ganze Zeit über eine Einbrecherbande im Hause gewohnt hatte – nicht eigentlich, um zu stehlen, denn es war nun nicht mehr viel übrig, sondern um sich vor der Polizei zu verstecken, denn sie waren schon stark in die Enge getrieben. Schlauerweise hatten sie sich gedacht, die Detektive würden niemals auf den Gedanken kommen, daß eine Horde Einbrecher in einem Hause Schutz suchen würde, das, wie nur zu bekannt war, durch die imponierendste und ausgeklügelste Alarmanlage von ganz Amerika gesichert war.

Wir ließen den Sachverständigen wieder holen, und diesmal hatte er einen geradezu blendenden Einfall: Er stellte das Gerät so ein, daß das Öffnen der Küchentür die Anlage ausschaltete. Das war eine prächtige Idee, und er berechnete sie dementsprechend. Aber sie können sich das Ergebnis schon vorstellen. Jeden Abend zur Schlafenszeit schaltete ich die Alarmanlage ein, da ich kein Vertrauen mehr zu Thomas' schwachem Gedächtnis hatte. Sobald nun die Lichter verloschen waren, kamen die Einbrecher zur Küchentür hereinmarschiert und schalteten so die Anlage aus, ohne darauf zu warten, daß dies die Köchin am Morgen besorgte. Sie sehen, wie sich unsere Lage verschlimmerte. Monatelang konnten wir niemanden zu uns einladen; im ganzen Haus kein freies Bett, alle von Einbrechern belegt.

Schließlich sann ich selbst auf Abhilfe. Der Sachverständige folgte meiner Aufforderung und legte eine weitere Erdleitung zum Stall, brachte dort einen Schalter an, so daß der Kutscher die Anlage ein- und ausschalten konnte. Das funktionierte erstklassig, und es folgte eine Phase des Friedens, in der wir wieder Gäste einluden und uns des Lebens freuten.

Die Alarmanlage ließ jedoch nicht locker und wendete bald einen neuen Kniff an. Im Winter wurden wir eines Nachts von der plötzlich einsetzenden Musik dieses abscheulichen Gongs aus dem Bett geschüttelt, und als wir zur Anzeigetafel gehumpelt waren, das Gaslicht anzündeten und das Wort ›Kinderzimmer‹ lasen, fiel meine Frau schnurstracks in Ohnmacht, und ich war ziemlich nahe dran, dasselbe zu tun. Ich ergriff meine Schrotflinte, und solange das entsetzliche Dröhnen anhielt, stand ich da und berechnete die Zeit, die der Kutscher brauchen würde. Ich wußte, daß ihn sein Gong auch aus den Federn geschüttelt hatte und daß er mit der Flinte unterwegs sein würde, sobald er in die Kleider gesprungen wäre. Als ich schätzte, daß er soweit war, schlich ich in das Zimmer neben dem Kinderzimmer, spähte durch das Fenster und sah im Hof unten die schwachen Umrisse des Kutschers, der mit präsentiertem Gewehr auf eine Gelegenheit wartete. Dann sprang ich ins Kinderzimmer und feuerte, und im gleichen Augenblick feuerte der Kutscher auf meine rot aufblitzende Flinte. Beide trafen wir; ich schoß das Kindermädchen lahm, und er schoß mir den Hinterkopf kahl. Wir zündeten die Gasbeleuchtung an und telefonierten nach dem Arzt. Von einem Einbrecher war keine Spur, und niemand hatte ein Fenster aufgemacht. Ein Glas fehlte, aber das war die Scheibe, durch welche die Schrotladung des Kutschers gekommen war. Das war ein hübsches Rätsel – eine Alarmanlage geht von selbst um Mitternacht los, und kein Einbrecher weit und breit!

Der Sachverständige kam auf den üblichen Ruf hin und erklärte, daß es ein ›blinder Alarm‹ war. Sagte, es könne leicht behoben werden. So reparierte er das Fenster, verlangte eine anständige Summe dafür und ging.

Was wir im Laufe der nächsten drei Jahre unter blinden Alarmen zu leiden hatten, kann kein Füllfederhalter beschreiben. Während der folgenden drei Monate raste ich immer mit der Flinte zu dem angezeigten Zimmer, und der Kutscher machte sich ständig auf, mich mit seinem Geschütz zu unterstützen. Aber nie gab es etwas, worauf wir hätten schießen sollen – die Fenster alle geschlossen und gesichert. Am nächsten Tage ließen wir immer den Sachverständigen kommen, und er brachte die jeweiligen Fenster in Ordnung, so daß sie sich eine Woche oder so ruhig verhielten, und vergaß nie, uns eine Rechnung zu schicken, die ungefähr folgendermaßen aussah:

Draht	2,15 Dollar
Zündkegel	0,75 "
Zwei Arbeitsstunden	1,50 "
Wachs	0,47 "
Band	0,34 "
Schrauben	0,15 "
Batterie aufladen	0,98 "
Drei Arbeitsstunden	2,25 "
Schnur	0,02 "

Schmalz	0,66	„
Ponds Extrakt	1,25	„
Federn à –,50	2,00	„
Eisenbahnfahrtkosten	7,25	„
Summa	19,77	Dollar

Etwas ganz Natürliches stellte sich schließlich ein – nachdem uns drei- oder vierhundert blinde Alarme aufgeschreckt hatten –, nämlich, wir schreckten nicht mehr auf. Ja, ich stand einfach ganz ruhig auf, als wir vom Gong durchs Haus geschleudert wurden, sah ruhig auf der Anzeigetafel nach, merkte mir das angezeigte Zimmer, schaltete es dann ruhig von der Alarmanlage ab und ging wieder schlafen, als wäre nichts geschehen. Außerdem schloß ich dieses Zimmer nicht mehr an die Anlage an und ließ auch den Sachverständigen nicht holen. Nun, es versteht sich von selbst, daß mit der Zeit alle Zimmer abgeschaltet wurden und das ganze Gerät außer Betrieb war.

Zu dieser schutzlosen Zeit ereignete sich das schwerste Mißgeschick von allen. Die Einbrecher kamen eines Nachts angerückt und nahmen die Alarmanlage mit! Jawohl, mein Herr, mit Haut und Haaren, rissen sie heraus, Zahn um Zahn, Federn, Klingeln, Gongs, Batterie, alles. Einhundertfünfzig Meilen Kupferdraht schafften sie fort; sie haben sie einfach hinausgefegt, mit Kind und Kegel, und uns nicht einmal ein sichtbares Zeichen davon übriggelassen, auf das wir – bei dem wir hätten fluchen können, meine ich.

Das war vielleicht ein Spaß, die Anlage wiederzubekommen; aber wir haben es schließlich geschafft, für Geld. Die Firma sagte, uns fehle nun nichts weiter, als die Anlage richtig einbauen zu lassen – mit ihren neuen Patentfedern an den Fenstern, die jeden blinden Alarm unmöglich machten, und mit der neuen Patentuhr, die die Anlage ohne menschliches Zutun jeden Abend ein- und jeden Morgen ausschalte. Das schien ein gutes Projekt. Sie versprachen, mit allem binnen zehn Tagen fertig zu sein. Sie machten sich ans Werk, und wir fuhren in den Sommerurlaub. Ein paar Tage arbeiteten sie, dann fuhren *sie* in den Sommerurlaub. Worauf die Einbrecher einzogen und *ihre* Sommerferien begannen.

Als wir im Herbst zurückkehrten, stand das Haus leer wie der Bierkeller eines Grundstücks, auf dem die Maler waren. Wir richteten es wieder neu ein und schickten jemanden, um dem Sachverständigen Beine zu machen. Er kam, beendete die Arbeit und sagte: ›Die Uhr ist jetzt so gestellt, daß sie die Alarmanlage jeden Abend um zehn ein- und jeden Morgen um dreiviertel fünf ausschaltet. Sie haben nichts weiter zu tun, als sie jede Woche aufzuziehen und sonst in Ruhe zu lassen – um die Alarmanlage kümmert sie sich schon selbst!‹

Danach kamen drei Monate einer äußerst friedlichen Zeit. Natürlich war die Rechnung gewaltig hoch, aber ich hatte gesagt, ich wolle sie erst bezahlen, wenn sich herausgestellt habe, daß die neue Maschinerie fehlerfrei arbeite. Die ausbedungene Frist betrug drei Monate. Ich bezahlte dann, und gleich am folgenden Tage um zehn Uhr früh dröhnte es Alarm wie zehntausend Bienenschwärme. Der Anleitung entsprechend drehte ich die Zeiger herum auf zwölf Uhr, das Signal verstummte daraufhin. Aber in der Nacht gab es wieder eine Störung, und ich mußte die Uhr weitere zwölf Stunden vorstellen, damit sie die Anlage wieder einschaltete. Dieser Unsinn ging noch eine oder zwei Wochen so weiter, dann kam der Sachverständige und baute eine neue Uhr ein, aber es war jedesmal ein Versager. Seine Uhren hatten alle denselben launischen Defekt: sie schalteten die Alarmanlage tagsüber ein und nicht bei Nacht; und wenn man sie mit Gewalt trieb, sich nachts einzuschalten, dann stellte sie die Anlage wieder ab, sobald man ihr nur den Rücken kehrte.

Das also ist die Geschichte von der Alarmanlage – alles genau, wie es sich zugetragen hat; nichts beschönigt und nichts aus Bosheit entstellt. Jawohl, mein Herr, und als ich neun Jahre mit Verbrechern im Hause geschlafen und die ganze Zeit eine kostspielige Alarmanlage in Betrieb gehalten hatte, zu deren Schutz, nicht zu meinem, und alles auf meine Kosten – denn sie ließen sich nicht dazu bewegen, auch nur einen verdammten Cent beizusteuern –, da sagte ich einfach zu meiner Frau, daß ich von dem ganzen Schlamassel genug habe. Mit ihrem vollen Einverständnis baute ich deshalb die ganze Anlage aus und verschacherte sie gegen einen Hund, und den Hund erschoß ich.

Ich weiß ja nicht, was *Sie* davon halten, Mr. Twain, aber *ich* denke, diese Sachen werden ausschließlich im Interesse der Einbrecher angefertigt. Jawohl, mein Herr, eine Alarmanlage gegen Einbrecher vereint in sich alle unangenehmen Seiten eines Feuers, eines Aufruhrs und eines Harems und entbehrt gleichzeitig aller sie ausgleichender Vorzüge, gleich welcher Art, die gewöhnlich dieser Kombination eigen sind. Auf Wiedersehen, ich steige hier aus.«

PRIVATER BERICHT ÜBER
EINEN GESCHEITERTEN FELDZUG

Sie haben von sehr vielen Leuten gehört, die im Kriege etwas getan haben; ist es nicht recht und billig, daß Sie einem Manne einen Augenblick zuhören, der auszog, etwas zu tun, aber nichts tat? Tausende zogen in den Krieg, bekamen gerade einen kleinen Geschmack davon und traten wieder ab, für immer. Allein wegen ihrer Zahl sollte man sie schon achten, und sie haben deshalb auch das Recht auf eine Stimme – nicht auf eine laute, sondern auf eine bescheidene; nicht auf eine prahlerische, sondern eine Entschuldigung heischende. Unter besseren Leuten – Leuten, die etwas taten – sollte man ihnen nicht viel Raum lassen, das gebe ich zu, aber sie sollten wenigstens die Erlaubnis haben, zu erklären, warum sie nichts taten, und auch zu erläutern, wie es kam, daß sie nichts taten. Eine Aufklärung darüber muß bestimmt von einigem Nutzen sein.

Draußen im Westen herrschte während der ersten Monate des großen Aufruhrs eine beträchtliche Verwirrung in den Köpfen der Menschen – eine beträchtliche Unsicherheit, ein Schwanken erst in dieser, dann in jener, dann in einer dritten Richtung. Sich zu orientieren, war schwer für uns. Mir fällt da ein Beispiel ein.

Ich war Lotse auf dem Mississippi, als die Nachricht kam, daß Südkarolina am 20. Dezember 1860 aus der Union ausgetreten war. Mein Berufsgefährte war New Yorker. Er trat unerschütterlich für die Union ein; ich auch, aber er hörte sich das nie mit Geduld an, denn in seinen Augen war meine Loyalität befleckt, da mein Vater noch Sklaven besessen hatte. Um diesen dunklen Punkt zu vertuschen, erklärte ich, daß ich meinen Vater einige Jahre vor seinem Tode habe sagen hören, die Sklaverei sei ein großes Unrecht und er würde den einen Neger, den er besaß, auf freien Fuß setzen, wenn er es für richtig erachten könne, das Eigentum der Familie zu verschenken, wo er nur über so beschränkte Mittel verfügte. Mein Gefährte erwiderte scharf, der bloße Vorsatz besage nichts – jeder könne so tun, als hätte er gute Vorsätze; und er würdigte weiterhin meinen Unionismus herab und verleumdete meine Ahnen.

Einen Monat später war am unteren Mississippi die Sezessionsstimmung gestiegen, und ich wurde Rebell; er auch. Am 26. Januar, als Louisiana aus der Union austrat, waren wir zusammen in New Orleans. Er trug sein Teil zum aufrührerischen Geschrei bei, sperrte sich aber hartnäckig dagegen, daß ich einstimmte. Ich käme aus schlechter Familie, sagte er – mein Vater sei bereit gewesen, Sklaven freizulassen. Im darauffolgenden Sommer war er Lotse auf einem Kanonenboot des Nordens und ergriff wieder laut für die Union Partei. Ich hielt eine Quittung von ihm über eine geliehene Summe in Händen. Er war einer der ehrlichsten Menschen, die ich kenne, aber diesen Schuldschein erklärte er bedenkenlos für ungültig, weil ich Aufrührer und Sohn eines Sklavenhalters sei.

In jenem Sommer des Jahres 1861 brachen sich die ersten Wellen des Krieges an den Gestaden von Missouri. In unseren Staat drangen Truppen der Union und nahmen St. Louis, Jefferson Barracks und einige andere Punkte ein. Gouverneur Claib Jackson gab seine Proklamation ab, in der er fünfzigtausend Mann der Bürgerwehr aufrief, die Eindringlinge zurückzuschlagen.

Ich war gerade zu Besuch in der kleinen Stadt, in der ich meine Kindheit verbracht hatte – Hannibal, Marion County. An einem geheimen Ort trafen sich nachts mehrere Männer, und wir formierten uns zu einer militärischen Einheit. Ein gewisser Tom Lyman, ein junger Kerl mit allerlei Mut, aber ohne militärische Erfahrung, wurde zum Hauptmann ernannt; ich wurde Leutnant. Einen Oberleutnant hatten wir nicht; ich weiß nicht, warum, es ist schon zu lange her. Wir waren insgesamt fünfzehn. Auf Anraten eines Arglosen, der unserer Organisation angehörte, nannten wir uns die Marionreiter. Meines Wissens hatte niemand an dem Namen etwas auszusetzen. Ich jedenfalls nicht; er klang ganz gut, schien mir.

Vielleicht war der junge Bursche, der diesen Namen vorgeschlagen hatte, ein gutes Beispiel dafür, aus welchem Holz wir geschnitzt waren. Er war jung, unwissend, gutmütig, wohlmeinend, unbedeutend, voller Romantik, und er hatte die Neigung, Ritterromane zu lesen und schwermütige Liebeslieder zu singen. Dazu besaß er einige kleine pathetische, altmodische, aristokratische Regungen und verabscheute seinen Namen, der Dunlap lautete; verabscheute ihn zum Teil deshalb, weil er in der Gegend fast so häufig war wie Smith, aber hauptsächlich, weil er in seinen Ohren einen plebejischen Klang hatte. Deshalb versuchte er, ihn dadurch zu veredeln, daß er ihn d'Unlap schrieb. Das genügte zwar dem Auge, ließ aber das Ohr unbefriedigt, denn die Leute sprachen den neuen Namen wie den alten aus – mit der Betonung auf der ersten Silbe. Dann vollbrachte er das tollste Ding, das man sich nur vorstellen kann – es schüttelt einen richtig dabei, wenn man bedenkt, wie die Welt Heuchelei und Affektiertheit übelnimmt: Er schrieb seinen Namen nun d'Un Lap. Lange hagelte es Unflat auf sein Kunstwerk, aber er harrte geduldig aus und wurde schließlich belohnt; denn er erlebte es noch, daß Leute, die ihn von Kind an kannten und denen der Stamm der Dunlaps seit vierzig Jahren so vertraut war wie Regen und Sonne, diesen Namen akzeptierten und ihn betonten, wie er es haben wollte. So sicher ist der Sieg schließlich dem Mut, der warten kann.

Er erklärte, er habe in alten französischen Chroniken entdeckt, daß der Name ursprünglich richtig d'Un Lap lautete und daß die englische Übersetzung Peterson wäre. *Lap*, lateinisch oder griechisch Stein oder Fels, sagte er, sei dasselbe wie französisch *Pierre*, das heißt Peter; *d'*, von oder vom; *un*, ein oder eins; also d'Un Lap, vom oder von einem Stein oder einem Peter; das heißt jemand, der der Sohn von einem Stein, der Sohn von einem Peter ist – Peterson. Unsere Kompanie war nicht sehr gebildet, und die Erklärung verwirrte sie; sie nannten ihn deshalb Peterson Dunlap. Auf seine Art war er ganz nützlich; er benannte unsere Lager, und im allgemeinen fiel ihm immer ein Name ein, der »nicht von Pappe« war, wie die Jungs sagten.

Das ist ein Beispiel für uns. Ein anderes ist Ed Stevens, der Sohn des Juweliers der Stadt – gut gebaut, ansehnlich, elegant, geschmeidig wie eine Katze, klug, gebildet, aber durch und durch ein Witzbold. Nichts war ihm ernst im Leben. Was ihn betraf, war unser Feldzug ein bloßer Urlaub. Ungefähr die Hälfte von uns, möchte ich sagen, betrachtete die Sache im gleichen Licht; vielleicht nicht bewußt, aber unbewußt. Wir dachten nicht nach; wir waren nicht dazu imstande. Was mich anging, überließ ich mich ganz der vernunftwidrigen Freude, daß es für eine Weile Schluß damit war, um Mitternacht und um vier Uhr morgens aus dem Bett zu müssen, und ich war dankbar für die Veränderung, für die neuen Schauplätze, neuen Beschäftigungen, neuen Interessen. So weit ging ich mit meinen Gedanken; ich befaßte mich nicht mit Einzelheiten; in der Regel macht man das nicht mit vierundzwanzig.

Ein weiteres Exemplar war Smith, der Schmiedelehrling. Dieser große Esel besaß einigen Schneid, war traurig und träge, hatte aber ein sanftes Gemüt; er konnte ein Pferd umhauen wegen irgendeiner Ungehörigkeit, ein andermal konnte er vor Heimweh heulen. Man muß ihm letztlich jedoch eins hoch anrechnen, das für einige von uns nicht zutraf: Er blieb dem Krieg treu und fiel schließlich im Kampf.

Jo Bowers, ein anderes Muster, war ein riesenhafter, gutmütiger, flachshaariger Lümmel; faul, empfindsam, voller harmloser Angeberei, ein geborener Miesmacher; ein erfahrener, rühriger, ehrgeiziger und oft ganz einfallsreicher Lügner, und doch kein erfolgreicher, denn er hatte keine vernünftige Schulbildung, sondern war aufgewachsen, wie es gerade kam. Er nahm dieses Leben ziemlich ernst, es befriedigte ihn aber kaum. Immerhin war er ein guter Kerl, und die Jungs konnten ihn alle gut leiden. Er wurde zum diensttuenden Sergeanten ernannt, Stevens zum Korporal.

Diese Beispiele genügen – es sind nämlich ganz gute. Also, diese Viehherde zog in den Krieg. Was konnte man von ihnen erwarten? Sie verhielten sich, so gut sie imstande waren; aber wirklich, was konnte man billigerweise von ihnen erwarten? Nichts, würde ich sagen – und genau das taten sie.

Wir warteten, bis es stockfinster war, denn Vorsicht und Heimlichkeit waren geboten. Gegen Mitternacht stahlen wir uns dann paarweise aus verschiedenen Richtungen zum Anwesen Griffiths außerhalb der Stadt; von dort aus marschierten wir zusammen los. Hannibal liegt im äußersten Süden von Marion County am Mississippi. Unser Ziel war der Flecken New London, zehn Meilen entfernt, in Ralls County.

Die erste Stunde gab es nichts als Spaß, eitel Unsinn und Gelächter. Das konnten wir aber nicht durchhalten. Der gleichmäßige, mühselige Fußmarsch kam uns allmählich wie Arbeit vor; das Vergnügen daran versickerte irgendwie. Die Stille der Wälder und die nächtliche Düsterkeit legten sich den Jungs aufs Gemüt, und bald erstarb die Unterhaltung, und jeder vergrub sich in den eigenen Gedanken. Am Ende der zweiten Stunde sagte niemand mehr ein Wort.

Nun näherten wir uns dem Blockhaus eines Farmers, wo Berichten zufolge eine Wache von fünf Unionssoldaten stehen sollte. Lyman ließ haltmachen; und dort im tiefen Dunkel der herniederhängenden Zweige flüsterte er uns seinen Angriffsplan gegen das Haus zu, der das Dunkel noch niederdrückender machte, als es schon war. Es war ein entscheidender Augenblick; schlagartig wurde uns bewußt, daß es kein Scherz mehr war – wir standen dem wirklichen Krieg Auge in Auge gegenüber. Dieser Situation zeigten wir uns gewachsen. Kein Zögern, keine Unschlüssigkeit lag in unserer Antwort. Wir sagten, wenn Lyman sich mit jenen Soldaten einlassen wolle, dann solle er nur loslegen; wenn er aber darauf wartete, daß wir ihm folgten, könne er schwarz werden.

Lyman drängte uns, flehte uns an, versuchte uns zu beschämen, aber es hatte keinen Zweck. Unsere Handlungsweise war ehrlich, und wir waren entschlossen: Wir wollten die Flanke des Blockhauses bedrohen – es umgehen. Das machten wir auch.

Wir nahmen unseren Weg durch die Wälder und machten dort allerlei durch, stolperten über Wurzeln, verstrickten uns in Schlingpflanzen und wurden von Dornbüschen zerkratzt. Endlich erreichten wir in sicherem Gebiet einen offenen Platz und setzten uns schwitzend und außer Atem nieder, um uns abzukühlen und uns um die Kratzer und

Quetschungen zu kümmern. Lyman ärgerte sich, aber die übrigen waren guter Dinge; wir hatten das Farmhaus von der Flanke bedroht, wir hatten uns zum erstenmal militärisch bewegt, und zwar mit Erfolg; uns brauchte nichts zu wurmen, uns war ganz gegenteilig zumute. Lachen und derbe Scherze begannen wieder, der Feldzug wurde erneut zur Ferienbelustigung.

Darauf folgten weitere zwei Stunden stumpfsinnigen Trottes, allgemeinen Schweigens und tiefer Niedergeschlagenheit. Gegen Morgengrauen schlotterten wir dann verstreut in das Dorf New London, schmutzig, Blasen an den Füßen, ausgepumpt von dem kurzen Marsch und alle außer Stevens in bitterer, gereizter Stimmung und im stillen giftig auf den Krieg. Unsere schäbigen alten Flinten stellten wir in der Scheune Oberst Ralls' zusammen und gingen dann geschlossen mit dem Veteranen des Mexikanischen Krieges frühstücken. Danach führte er uns auf eine entfernte Wiese, und dort, im Schatten eines Baumes, lauschten wir seiner altmodischen Rede, voller Schießpulver und Ruhm, jenen gemischten Metaphern mit jener Häufung von Adjektiven und deklamatorischer Geschwätzigkeit, die zu der alten Zeit und in der verlassenen Gegend als Redegewandtheit galt. Dann vereidigte er uns auf die Bibel, dem Staate Missouri treu zu dienen und alle Eindringlinge von seinem Boden zu treiben, gleich, woher sie kämen oder unter welcher Fahne sie marschierten. Das brachte uns ziemlich durcheinander, und wir konnten einfach nicht dahinterkommen, was für eine Dienstpflicht wir uns nun aufgeladen hatten. Aber Oberst Ralls, der erfahrene Intrigant und Phrasendrechsler, war darüber nicht im Zweifel; er wußte ganz genau, daß er uns für die Sache der südstaatlichen Konföderation eingesetzt hatte. Die Feierlichkeiten beschloß er damit, daß er mir das Schwert umgürtete, das sein Nachbar Oberst Brown bei Buena Vista und Molino del Rey getragen hatte; diesen Akt begleitete er mit einem weiteren imposanten Redeschwall.

Daraufhin formierten wir uns in Gefechtslinie und marschierten vier Meilen zu einem schattigen angenehmen Wäldchen am Rande der unermeßlich weiten Prärie: Eine zauberhafte Gegend für den Krieg – unsere Art von Krieg.

Ungefähr eine halbe Meile drangen wir in den Wald ein und bezogen eine starke Stellung, ein paar niedrige, felsige, bewaldete Hügel im Rücken und einen klaren, murmelnden Bach vor uns. Sofort badete das halbe Kommando drin, und die andere Hälfte angelte. Der Esel mit dem französischen Namen gab dieser Stellung einen romantischen Titel, aber er war zu lang, so daß ihn die Jungs vereinfachten und zu Camp Ralls verkürzten.

Wir belegten eine alte Ahornzuckersiederei, deren halbverfaulte Tröge noch gegen die Bäume lehnten. Eine lange Maisscheune diente dem Bataillon als Schlafstätte. Zu unserer Linken lag, eine halbe Meile entfernt, Masons Farm und Haus; er war ein Freund der Sache. Kurz nach der Mittagszeit trafen aus mehreren Richtungen Farmer ein; sie stellten uns Maultiere und Pferde für die Dauer des Krieges zur Verfügung, die sie auf ungefähr drei Monate schätzten. Es waren Tiere aller Größen, aller Farben und aller Rassen. Die meisten waren jung und ausgelassen, und keiner vom Kommando konnte sich lange Zeit hintereinander darauf halten, denn wir kamen aus der Stadt und hatten keinen Dunst vom Reiten.

Das Vieh, das mir zufiel, war ein sehr kleines Maultier, und doch war es so schnell und lebhaft, daß es mich mit Leichtigkeit abwerfen konnte; und das machte es auch, sobald ich es bestieg. Dann schrie es – machte den Hals lang, legte die Ohren zurück und riß die Kiefer auseinander, daß man bis zu den Eingeweiden hineingucken konnte. Es war in jeder Hinsicht ein unleidliches Tier. Wenn ich es beim Zaum nahm und versuchte, es vom Platz zu führen, setzte es sich gewöhnlich hin und zerrte zurück; kein Mensch brachte es da von der Stelle. Ich war allerdings nicht völlig bar jeder militärischen Findigkeit und kam bald dahinter, ihm das Spiel zu verderben. Zu meiner Zeit hatte ich nämlich manchen gestrandeten Dampfer gesehen, und ich kannte ein, zwei Tricks, die selbst ein gestrandetes Maultier respektieren mußte. Neben der Maisscheune war ein Brunnen; so ersetzte ich den Zaum durch dreißig Faden Seil und holte das Tier mit der Winde nach Hause.

Ich will hier so viel vorwegnehmen, daß wir nach ein paar Tagen Übung doch reiten lernten, aber nicht besonders gut. Nie haben wir es fertiggebracht, unsere Tiere gern zu haben; sie waren nicht erstklassig, und die meisten besaßen lästige Eigentümlichkeiten dieser oder jener Art. Stevens' Pferd trug ihn, wenn er nicht aufpaßte, unter die riesigen Auswüchse, die sich an Eichenstämmen bilden, und streifte ihn dort ab; auf diese Weise holte sich Stevens mehrere schlimme Verletzungen. Sergeant Bowers' Pferd war sehr groß und hoch gebaut, mit langen, schlanken Beinen, und sah aus wie eine Eisenbahnbrücke. Seine Größe ermöglichte es ihm, mit dem Kopf überallhin zu reichen, so weit es wollte; deshalb biß es Bowers ständig in die Beine. Auf dem Marsch in der Sonne schlief Bowers die meiste Zeit, und sobald das Pferd gewahr wurde, daß er schlief, fuhr es jedesmal herum und biß ihn ins Bein. Seine Beine waren schon grün und blau davon. Das war das einzige, was ihn zum Fluchen veranlassen konnte, aber es brachte ihn jedesmal dazu; immer, wenn ihn das Pferd biß, fluchte er, und natürlich brach Stevens, der über alles lachte, in Gelächter aus und krümmte sich sogar so sehr dabei, daß er das Gleichgewicht verlor und vom Pferd stürzte. Bowers, der schon wegen der Schmerzen geladen war, quittierte dann das Gelächter mit ein paar kräftigen Ausdrücken, und es gab Streit. So machte das Pferd ständig Ärger und böses Blut im Kommando.

Kehren wir aber wieder zurück – zu unserem ersten Nachmittag in der Zuckersiederei. Die Zuckertröge kamen uns als Futtertröge sehr gelegen, und wir hatten genügend Mais, sie zu füllen. Ich befahl Sergeant Bowers, mein Maultier zu füttern. Er antwortete jedoch, wenn ich glaubte, er sei als Trockenamme eines Maultiers in den Krieg gezogen, dann würde ich nicht sehr lange brauchen, um meinen Fehler einzusehen. Ich hielt das für Ungehorsam, war mir aber in allen militärischen Dingen so unsicher, daß ich es durchgehen ließ und Smith, dem Schmiedelehrling, befahl, mein Maultier zu füttern. Er bedachte mich aber nur mit einem kalten, breiten, sarkastischen Grinsen – so wie ein angeblich siebenjähriges Pferd einen angrinst, wenn man dessen Lippe hebt und feststellt, daß es vierzehn ist – und kehrte mir den Rücken. Daraufhin ging ich zum Hauptmann und fragte, ob es für mich nicht recht und billig und militärisch wäre, eine Ordonnanz zu haben. Er sagte, ja, aber da es nur eine Ordonnanz im ganzen Korps gebe, sei es wohl angebracht, daß er selbst Bowers in seinem Stab hätte. Bowers erklärte, er werde in niemandes Stab Dienst machen, und wenn jemand glaube, ihn zwingen zu können, so solle er es nur versuchen. Die Angelegenheit mußte deshalb natürlich fallengelassen werden; es blieb kein anderer Weg.

Als nächstes wollte niemand kochen; das wurde als Erniedrigung betrachtet; so hatten wir nichts zu Mittag. Den übrigen angenehmen Nachmittag vertrödelten wir, einige dösten unter einem Baum, andere rauchten Maiskolbenpfeife und unterhielten sich über ihre Mädchen und den Krieg, wieder andere spielten. Zur späten Abendbrotzeit waren alle vor Hunger verdorrt; um der schwierigen Lage Herr zu werden, machten sich alle unter gleichen Bedingungen an die Arbeit und sammelten Holz, machten Feuer und kochten Essen.

Danach blieb alles eine Weile ruhig, bis Streit zwischen dem Korporal und dem Sergeanten ausbrach, da jeder behauptete, über dem anderen zu stehen. Niemand wußte, welches der höhere Rang war. Lyman mußte deshalb die Sache auf die Weise klären, daß er beide gleichstellte. Der Kommandeur einer so unwissenden Rotte ist großem Verdruß und vielen Belästigungen ausgesetzt, die in der regulären Armee wahrscheinlich überhaupt nicht vorkommen. Mit dem Liedersingen und dem Geschichtenerzählen am Lagerfeuer jedoch wurde alles bald wieder friedlich. Später ebneten wir in einer Ecke der Scheune den Mais mit dem Rechen ein und legten uns darauf nieder, nachdem wir ein Pferd an die Tür gebunden hatten, das wiehern würde, falls jemand einzudringen versuchte.*

---

* Ich hatte immer den Eindruck, daß das Pferd deshalb dort war, und ich weiß auch, daß wenigstens noch einer unseres Kommandos diesen Eindruck hatte, denn wir unterhielten uns damals darüber und bewunderten den militärischen Scharfsinn dieses Einfalls. Als ich jedoch vor drei Jahren

Jeden Vormittag hatten wir Reitausbildung. An den Nachmittagen ritten wir dann in Gruppen ein paar Meilen hier- oder dahin, besuchten die Farmerstöchter, schwelgten in jugendlicher Seligkeit und nahmen ein anständiges Mittagessen oder Abendbrot ein; dann ging es wieder nach Hause ins Lager, glücklich und zufrieden.

Eine Zeitlang führten wir ein faules, köstliches Leben; es war ideal; es gab nichts, was es uns verdarb. Dann kamen eines Tages Farmer mit einer alarmierenden Meldung. Sie sagten, es werde gemunkelt, der Feind marschiere über Hydes Prärie in unserer Richtung vor. Dies hatte eine mordsmäßige Aufregung unter uns und allgemeine Bestürzung zur Folge. Es war ein grausames Erwachen aus unserem verzückten Schlummer. Das Gemunkel war nur ein Gemunkel – nichts Bestimmtes; so wußten wir in unserer Verwirrung nicht, in welcher Richtung wir uns zurückziehen sollten. Lyman war dafür, sich unter diesen ungewissen Umständen überhaupt nicht zurückzuziehen; doch er merkte, wenn er bei dieser Haltung zu bleiben versuchte, würde es ihm schlecht gehen, denn das Kommando war nicht in der Laune, es bei Ungehorsam zu belassen. Er gab deshalb in diesem Punkte nach und rief den Kriegsrat zusammen, der aus ihm selbst und den anderen drei Offizieren bestehen sollte. Die Gemeinen machten jedoch so einen Krach, weil sie wegbleiben sollten, daß wir sie dalassen mußten, denn sie waren ja schon anwesend und besorgten auch das meiste Reden. Die Frage war also, in welche Richtung sich zurückziehen. Alle waren jedoch so durcheinander, daß keiner auch nur die geringste Idee vorbringen konnte. Außer Lyman. Mit ein paar knappen, gefaßten Worten erklärte er, da sich der Feind von Hydes Prärie nähere, sei unser Verhalten ganz einfach: alles, was wir tun müßten, sei nur, uns nicht in *seiner* Richtung

draußen im Westen war, sagte mir Mr. A. G. Fuqua, der zu unserer Kompanie gehörte, das sei sein Pferd gewesen, und daß es dort angebunden war, habe bloß an seiner Vergeßlichkeit gelegen; es seiner Findigkeit zuzuschreiben hieße, ihm viel zuviel Ehre antun. Zur Bekräftigung seiner Worte machte er mich auf den vielsagenden Umstand aufmerksam, daß dieser Kunstgriff nicht wieder angewandt wurde. Daran hatte ich überhaupt nicht gedacht.

zurückzuziehen; jede andere Richtung werde unseren Bedürfnissen vollkommen genügen. Jeder begriff sofort, wie richtig das war und wie weise; Lyman erhielt dafür sehr viele Komplimente. Es wurde nun entschieden, auf Masons Farm Zuflucht zu nehmen.

Inzwischen war die Dunkelheit schon hereingebrochen, und da wir nicht wissen konnten, wie schnell der Feind auftauchen würde, schien es uns ratsam, nicht erst die Pferde und die Sachen mitzunehmen; wir nahmen also nur die Gewehre und Munition und schoben gleich ab. Die Route war sehr uneben, bergig und felsig, und bald wurde es stockfinstere Nacht, und es begann zu regnen. Es war also eine beschwerliche Tour, so in der Dunkelheit entlangzustolpern und sich vorwärtszukämpfen. Bald rutschte einer aus und fiel hin, und der nächste stolperte über ihn und fiel, und den übrigen ging es der Reihe nach genauso, und dann kam Bowers mit dem Pulverfaß in den Armen, während das ganze Kommando schon auf dem schlammigen Abhang mit Beinen und Armen durcheinandergewürfelt war; und er fiel natürlich auch mit dem Faß, und das brachte die ganze Abteilung geschlossen ins Rollen, den Berg hinunter, und sie landete unten im Bach auf einem Haufen. Jeder, der unten lag, zog den auf ihm Liegenden an den Haaren, kratzte und biß ihn; und die gekratzt und gebissen wurden, kratzten und bissen die übrigen wieder, und alle sagten, sie wollten lieber abkratzen, ehe sie noch einmal in den Krieg zögen, falls sie jemals wieder aus dem Bach hier herauskämen, und die Eindringlinge sollten von ihnen aus krepieren und das ganze Land dazu – lauter solches Gerede, und es war traurig, das anzuhören oder mitzumachen, mit so erstickter, leiser Stimme und an so einem gräßlichen, finsteren Ort und alles pitschnaß und der Feind vielleicht jeden Augenblick da.

Das Pulverfaß war weg und die Gewehre auch, und so ging das Geknurre und Geschimpfe einfach weiter, während die Brigade auf dem teigigen Abhang herumtrampelte und den Bach entlangplätscherte, um diese Sachen zu suchen. Dabei verloren wir beträchtlich viel Zeit. Dann hörten wir einen Laut, hielten den Atem an und lauschten, und es hörte sich an wie der heranrückende Feind, hätte aber auch eine Kuh sein können, denn es hustete wie eine Kuh. Wir warteten jedoch nicht erst ab, sondern ließen zwei Gewehre zurück und machten uns wieder auf nach Masons Farm, so geschwind wir in der Dunkelheit nur kriechen konnten. Zwischen den zerklüfteten kleinen Schluchten verirrten wir uns aber kurz darauf und verschwendeten eine Menge Zeit damit, den Weg wiederzufinden; es war deshalb schon nach neun, als wir Masons Zauntritt endlich erreichten.

Bevor wir noch den Mund aufmachen konnten, um die Parole zu geben, kamen mehrere Hunde mit großem Radau und Spektakel über den Zaun gesprungen, und jeder packte einen Soldaten hinten an der Hose und wollte sich mit ihm davonmachen. Auf die Hunde konnten wir nicht schießen, ohne die Leute zu gefährden, an denen sie hingen; so mußten wir uns hilflos dieses Bild mit ansehen, das wahrscheinlich das demütigendste des Bürgerkrieges war. Es war hell genug, mehr als genug, denn die Masons waren mit Kerzen auf die Vordertreppe herausgerannt. Der alte Mason und der Sohn kamen und lösten die Hunde ohne Schwierigkeit von uns; alle, nur Bowers' nicht. Sie brachten ihn nicht los, wußten nicht, was das für eine Kreuzung war; es schien eine Mischung zwischen einer Art Bulldogge und einem Patentschloß zu sein. Mit etwas brühend heißem Wasser, von dem Bowers sein Teil dankend abbekam, machten sie den Hund schließlich los. Peterson Dunlap gab diesem Treffen später einen feinen Namen, auch dem voraufgegangenen Nachtmarsch, doch beide sind meinem Gedächtnis lange schon entschwunden.

Dann gingen wir ins Haus, und man stellte uns allerhand Fragen, wodurch es sich bald herausstellte, daß wir absolut nicht wußten, wovor wir ausgerissen waren. Der alte Herr nahm deshalb kein Blatt vor den Mund und sagte, wir wären eine komische Bande von Soldaten, und man könne sich darauf verlassen, daß wir den Krieg rechtzeitig beenden würden, da sich keine Regierung soviel Schuhwerk leisten könne, uns hinterherzulaufen. »Marionreiter! Feiner Name, Herrgott noch mal!« sagte er. Und er wollte wissen, warum wir an der Stelle, wo die Straße in die Prärie führte, keine Feldwache aufgestellt und weshalb wir keinen Spähtrupp ausgesandt hatten, um den Feind zu erkunden und uns seine Stärke zu melden und so weiter, bevor wir aufsprangen und nur wegen eines leisen Gerüchts eine starke Stellung fluchtartig verließen – und so weiter und so fort, bis wir uns alle schäbiger fühlten, als sich die Hunde benommen hatten, und das Willkommen uns nicht halb so begeistert vorkam. Wir schämten uns und waren ganz geknickt, als wir zu Bett gingen; nur Stevens nicht. Er begann sogleich ein Kleidungsstück für Bowers herzurichten, mit dem er seine Kampfspuren automatisch den Dankbaren zeigen oder vor den Neidischen verbergen konnte, je nach Bedarf; aber Bowers verstand diesmal keinen Spaß, und es gab eine Schlägerei, und als sie vorüber war, hatte Stevens selbst ein paar Kampfspuren, über die er sich Gedanken machen konnte.

Dann kamen wir ein bißchen zum Schlafen. Aber trotz allem, was wir schon durchgemacht hatten, war das noch nicht alles für diese Nacht; denn ungefähr um zwei Uhr morgens hörten wir einen Warnruf vom Weg herauf, begleitet vom Chor sämtlicher Hunde, und sofort war jeder auf und raste herum, um herauszubekommen, was los war. Den Alarm hatte ein Reiter gegeben, der nun meldete, daß eine Abteilung Unionssoldaten von Hannibal her anrücke, mit Befehl, alle Haufen unserer Art, die sie fänden, zu ergreifen und aufzuknüpfen, und er sagte, wir hätten keine Zeit zu verlieren. Diesmal war Farmer Mason selbst aufgeregt. In aller Eile trieb er uns aus dem Hause und gab uns einen seiner Neger mit, der uns zeigen sollte, wo wir uns und unsere verräterischen Gewehre eine halbe Meile entfernt in den Schluchten verstecken konnten. Es goß in Strömen.

Wir zogen den Heckenweg hinunter, dann über ein steiniges Weideland, das gute Gelegenheit zum Stolpern bot. Die meiste Zeit lagen wir demzufolge unten im Dreck, und jedesmal, wenn einer hinflog, schimpfte er auf den Krieg, auf die Leute, die ihn angezettelt hatten, und auf jeden, der etwas damit zu tun hatte, und verabreichte sich selbst die größte Dosis für seine Blödheit, am Kriege teilzunehmen. Schließlich gelangten wir zu dem bewaldeten Ausgang einer Schlucht, und dort kauerten wir uns unter den triefenden Bäumen zusammen und schickten den Neger zurück. Es war eine niederdrückende, traurige Stunde. Wir waren nahe daran, im Regen zu ersaufen, vom heulenden Wind und brausenden Donner taub zu werden und von den Blitzen zu erblinden. Es war wirklich eine ungestüme Nacht. Daß wir bis auf die Haut durchnäßt wurden, war schon schlimm genug, aber schlimmer noch war die Überlegung, daß der Strang unserem Leben ein Ende setzen könnte, noch ehe wir einen Tag älter wären. Die Möglichkeit eines so schändlichen Todes hatte für uns nie im Bereich des Krieges gelegen. Sie entkleidete den Feldzug all seiner Romantik und verwandelte unsere Träume von Ruhm in ein widerwärtiges Alpdrücken. Daran zu zweifeln, daß so ein barbarischer Befehl erteilt worden war, fiel niemandem von uns ein.

Endlich ging die lange Nacht vorüber, und dann kam der Neger mit der Nachricht zu uns, daß die Warnmeldung offenbar falsch gewesen und das Frühstück gleich fertig sei. Sofort waren wir wieder heiteren Sinnes, die Welt war strahlend hell und das Leben voller Hoffnung und Verheißung wie nur je – denn wir waren noch jung. Wie lange ist das her! Vierundzwanzig Jahre.

Der Bastard der Philologie nannte die nächtliche Zufluchtstätte »Camp Verwüstung«, und keine Seele erhob Einspruch. Die Masons setzten uns ein missourisches Bauernfrühstück vor, in missourischer Fülle; wir hatten es nötig: heiße Semmeln; heißes missourisches »Weizenbrot«, zum Brechen wie ein Gitter gekerbt; heißes Maisbrot, gebratenes Huhn, Speck, Kaffee, Eier, Milch, Buttermilch und so weiter; man kann zuversichtlich die ganze Welt auffordern, erst einmal so ein Frühstück zu bereiten, wie es im Süden gemacht wird.

Bei Mason blieben wir mehrere Tage, und nach all diesen Jahren lastet die Erinnerung an die Langeweile, die Stille und Leblosigkeit dieses schläfrigen Farmhauses noch auf mir, als wäre sie von Trauer und von der Gegenwart des Todes durchdrungen. Es gab nichts zum Nachdenken; es fehlte das Interesse am Leben. Der männliche Teil des Haushalts war den ganzen Tag auf den Feldern, die Frauen hatten zu tun und waren nicht zu sehen; kein anderer Laut war zu hören als das traurige Wehklagen eines Spinnrads, das ewig aus einem entfernten Zimmer stöhnte – der verlassenste Laut, den es gibt, ein Laut, durchtränkt und durchzogen vom Heimweh und der Hohlheit des Lebens. Jeden Abend ging die Familie bei Einbruch der Dunkelheit schlafen, und da wir nicht gebeten wurden, neue Sitten einzuführen, befolgten wir natürlich ihre. Jungen Leuten, die gewohnt waren, bis zwölf aufzubleiben, schienen diese Nächte hundert Jahre lang. Bis zu dieser Stunde lagen wir jedesmal wach, fühlten uns elend und wurden alt und klapprig, während wir in den stillen Ewigkeiten auf die Schläge der Uhr warteten. Das war kein Ort für Jungen aus der Stadt. Deshalb nahmen wir schließlich die Nachricht, daß der Feind wieder hinter uns her war, mit einem Gefühl auf, das der Freude sehr nahekam. Mit dem wiedergeborenen alten Kriegergeist sprangen wir auf unsere Plätze in Gefechtslinie und zogen wieder zurück ins Camp Ralls.

Hauptmann Lyman ließ sich Masons Worte gesagt sein und gab nun Befehl, daß unser Lager gegen jede Überraschung durch Feldwachen gesichert werden solle. Ich wurde beordert, einen Posten an der Weggabelung in Hydes Prärie hinzustellen. Schwarz und drohend brach die Nacht herein. Ich hieß Sergeant Bowers, dort hinzugehen und bis Mitternacht zu bleiben; genau wie ich erwartet hatte, sagte er, er mache das nicht. Ich versuchte, andere dazu zu bewegen, aber alle weigerten sich. Einige entschuldigten sich mit dem Wetter, aber die übrigen sagten offen, sie würden bei keinem Wetter gehen. Das klingt jetzt alles recht seltsam und unmöglich, aber damals war das nichts Verwunderliches. Im Gegenteil, es schien vollkommen natürlich. Dutzende von kleinen Lagern waren über Missouri verstreut, wo sich das gleiche abspielte. Diese Lager setzten sich aus jungen Burschen zusammen, denen das Gefühl strenger Unabhängigkeit angeboren und anerzogen war, und die nicht wußten, was das sein sollte, von Tom, Dick und Harry herumkommandiert zu werden, die sie ihr ganzes Leben vom Dorf oder von der Farm her gut kannten. Es ist durchaus wahrscheinlich, daß sich dasselbe im ganzen Süden abspielte.

James Redpath anerkannte diese Vermutung als berechtigt und führte das folgende Gespräch zur Bekräftigung an. Während eines kurzen Aufenthalts in Ost-Tennessee unterhielt er sich eines Tages im Zelt eines Obersten der Bürgergarde, als ein riesiger Soldat am Eingang erschien und, ohne zu grüßen oder weitere Umstände zu machen, zu dem Oberst sagte:

»Du, Jim, ich geh 'n paar Tage nach Hause.«

»Weshalb?«

»Na, ich bin schon 'ne ganze Weile nicht dort gewesen, und ich möcht gern mal sehen, wie's da steht.«

»Wie lange willst du denn wegbleiben?«

»Ungefähr vierzehn Tage.«

»Gut, aber bleib nicht länger; komm lieber eher zurück, wenn du kannst.«

Das war alles, und der Bürger-Oberst nahm die Unterhaltung dort wieder auf, wo sie der Soldat unterbrochen hatte. Das war natürlich in den ersten Monaten des Krieges. Die Lager unseres Teils von Missouri standen unter dem Befehl des Brigadegenerals Thomas H. Harris. Er war ein Städter unserer Heimat, ein erstklassiger Kerl und sehr beliebt; aber wir hatten ihn alle gut als den einzigen und schlechtbezahlten Angestellten unseres Telegraphenamtes gekannt, der in gewöhnlichen Zeiten ungefähr jede Woche ein Telegramm durchzugeben hatte, und wenn mal Hochbetrieb war, auch zwei. Als er eines Tages ganz plötzlich in unserer Mitte erschien und irgendeinen militärischen Befehl bekanntgab, im breiten militärischen Stil, war demzufolge niemand über die Antwort erstaunt, die er von den versammelten Soldaten erhielt: »Oh, na, wann redest du denn wieder vernünftig, Tom Harris?«

Das war eine ganz natürliche Sache. Man kann sich mit Recht vorstellen, daß wir hoffnungsloses Material für den Krieg waren. Den Eindruck machten wir auch, in unserer

Einfalt; doch gab es welche unter uns, die später das grausige Handwerk lernten, die wie Maschinen zu gehorchen lernten, wertvolle Soldaten wurden, den ganzen Krieg hindurch kämpften und am Ende hervorragende Beurteilungen vorwiesen. Einer von den Jungs, die sich in jener Nacht weigerten, auf Posten zu ziehen, und der mich einen Esel nannte, weil ich glaubte, er würde sich so waghalsig der Gefahr aussetzen, wurde für Tapferkeit ausgezeichnet, noch bevor er ein Jahr älter war.

Ich bekam meine Feldwache noch in jener Nacht – nicht kraft meiner Dienststellung, sondern durch Diplomatie. Ich brachte Bowers so weit, daß er ging, indem ich mich einverstanden erklärte, für diese Zeit den Rang mit ihm zu tauschen und als sein Untergebener mit ihm auf Wache zu gehen. In der pechschwarzen, regnerischen Nacht blieben wir zwei öde Stunden dort draußen, wobei nichts als Bowers' monotones Knurren über den Krieg und das Wetter die Öde unterbrachen. Dann begannen wir einzunicken und fanden es bald nahezu unmöglich, uns noch länger im Sattel zu halten; wir gaben deshalb das langweilige Geschäft auf und ritten ins Lager zurück, ohne auf die Ablösung zu warten. Wir zogen im Lager ein, und niemand hielt uns an oder erhob Einwände; der Feind hätte das auch tun können, denn es standen dort keine Posten. Alle schliefen; um Mitternacht gab es keinen, der eine Wache aussandte, und so wurde eben keine hinausgeschickt. Wir haben, soweit ich mich erinnere, nie mehr versucht, für die Nacht eine Wache anzusetzen, aber bei Tage stand meist jemand draußen auf Posten.

Im Lager schlief das ganze Kommando auf dem Mais in der Maisscheune, und gewöhnlich herrschte vor Morgen ein allgemeiner Tumult, denn es gab dort massenhaft Ratten, und die krochen den Jungs über den Leib und das Gesicht und plagten und ärgerten jeden. Ab und zu bissen sie auch mal in eine Zehe, und derjenige, dem die Zehe gehörte, sprang dann auf, erweiterte seinen Wortschatz und begann, in der Dunkelheit mit Mais zu werfen. Die Kolben waren so schwer wie Ziegelsteine, und wenn einer traf, dann tat es auch weh. Der Getroffene antwortete dann entsprechend, und innerhalb von fünf Minuten war gewöhnlich jeder mit seinem Nachbarn in einem tödlichen Würgegriff verschlungen. Eine schmerzliche Menge Blut wurde in der Maisscheune vergossen, aber das war alles Blut, das ich im Kriege fließen sah. Nein, das stimmt nicht ganz. Mit Ausnahme eines Falles stimmt es. Zu dem komme ich nun.

Häufig wurden wir in Schrecken versetzt. Alle paar Tage gab es Gerüchte, daß sich der Feind nähere. In diesen Fällen nahmen wir in einem anderen unserer Lager Zuflucht; wir blieben nie, wo wir waren. Aber es stellte sich immer heraus, daß die Gerüchte falsch waren; allmählich machten wir uns deshalb nichts mehr aus ihnen. Eines Nachts wurde ein Neger mit der gleichen alten Warnmeldung in unsere Maisscheune geschickt: der Feind treibe sich in unserer Gegend herum. Alle sagten wir, soll er sich treiben. Wir entschlossen uns, ruhig zu bleiben und es uns gut gehen zu lassen. Es war ein feiner kriegerischer Entschluß, und zweifellos spürten wir alle die Erregung in unserem Blut – einen Augenblick. Wir hatten uns ausgiebig amüsiert, mit groben Späßen und mit der Ausgelassenheit von Schuljungen; doch das ließ nun nach. Später erstarb das schnell schrumpfende Feuer gezwungener Witze und gezwungenen Lachens ganz und gar, und die Gesellschaft wurde still. Still und nervös. Und bald unruhig – besorgt – bange. Wir hatten gesagt, wir würden bleiben, und jetzt waren wir festgenagelt. Man hätte uns überreden können, dort zu verschwinden, aber keiner hatte den Mut, das vorzuschlagen.

Kurz darauf begann in der Dunkelheit eine fast geräuschlose Bewegung, ausgehend von einem allgemeinen, aber unausgesprochenen Impuls. Als diese Bewegung vorüber war, wußte jeder, daß er nicht als einziger an die Vorderwand gekrochen war und sein Auge an einen Spalt zwischen den Querbalken drückte. Nein, wir waren alle dort, alle spähten mit hämmerndem Puls hinaus zu den Zuckertrögen, wo der Pfad aus dem Walde kam. Es war spät, und über allem lag eine tiefe Waldesstille. Der Mond war verhangen und sein Schein gerade hell genug, um die rohen Umrisse der Dinge erkennen zu lassen.

Bald drang ein gedämpfter Laut an unser Ohr, und wir

machten ihn als Hufschlag eines oder mehrerer Pferde aus.
Gleich darauf tauchte eine Gestalt auf dem Waldpfad auf;
sie hätte aus Rauch sein können, so unscharf war der
Umriß des Gebildes. Es war ein Reiter, und mir schien es,
daß hinter ihm noch mehr kämen. Ich erwischte in der
Dunkelheit ein Gewehr und schob es in den Spalt zwischen
den Balken, ohne richtig zu wissen, was ich tat – so benommen war ich vor Angst. Einer rief: »Feuer!« Ich zog ab.
Mir war, als sähe ich hundert Blitze und hörte hundert
Schüsse; dann sah ich den Reiter aus dem Sattel fallen.
Mein erstes Gefühl war überraschte Genugtuung; mein
erstes Verlangen war das des angehenden Jägers, hinauszurennen und das erlegte Wild aufzuheben. Einer sagte
kaum hörbar: »Gut, den haben wir! Warten wir auf die
anderen.« Aber die anderen kamen nicht. Wir warteten,
lauschten – es kam niemand mehr.

Kein Laut war zu hören, nicht einmal das Flüstern eines
Blattes; nur vollkommene Ruhe; eine unheimliche Art von
Ruhe, die um so unheimlicher war, als sich nun die dumpfigen, erdhaften Gerüche der späten Nacht erhoben und sie
durchdrangen. Da krochen wir verstohlen hinaus, verwundert, und näherten uns dem Mann. Als wir hinkamen,
zeigte ihn der Mond deutlich. Er lag auf dem Rücken, die
Arme weggestreckt; der Mund stand offen, die Brust hob
sich in langen, schweren Atemzügen, und das weiße Hemd
war über und über von Blut bespritzt. Mich durchzuckte
der Gedanke, ich sei ein Mörder, ich habe einen Menschen
getötet – einen Menschen, der mir nie etwas getan hat.
Nie war mir je etwas so eisig durchs Mark gefahren. Sofort
kniete ich neben ihm, hilflos über seine Stirn streichend;
ich hätte alles dafür gegeben – gern mein eigenes Leben –,
wenn ich ihn hätte wiederherstellen können, wie er fünf
Minuten vorher gewesen war. Und alle Jungs schienen genauso zu fühlen; sie beugten sich voll mitleidigen Interesses
über ihn, versuchten alles, um ihm zu helfen, und sprachen
irgendwelche Worte des Bedauerns. Sie hatten den Feind
ganz vergessen; sie dachten nur an diesen einen unglücklichen Gegner. Einmal machte mir meine Einbildungskraft
weis, der Sterbende werfe mir aus den umschatteten Augen

einen vorwurfsvollen Blick zu, und mir wäre lieber gewesen, er hätte mich erdolcht. Wie in einem schweren Traum murmelte und lispelte er etwas von seiner Frau und seinem Kind, und voller neuer Verzweiflung dachte ich: ›Was ich getan habe, betrifft nicht nur ihn; es trifft auch *sie,* und sie haben mir ebensowenig etwas getan wie er.‹

Nach einer kleinen Weile war der Mann tot. Er fiel im Krieg; fiel in fairem, legitimem Krieg; fiel im Kampf, wie man sagen darf – und doch wurde er von den gegnerischen Kräften so aufrichtig betrauert, als wäre er ihr Bruder. Eine halbe Stunde lang standen die Jungs da und beklagten ihn, riefen sich die Einzelheiten der Tragödie ins Gedächtnis, fragten sich, wer er wohl sei und ob er ein Spion war, sagten, wenn es noch mal geschähe, würden sie ihm nichts tun, bevor er sie angriffe. Es stellte sich bald heraus, daß ich nicht als einziger gefeuert hatte; fünf weitere hatten geschossen – so teilte sich die Schuld auf, was mir eine große Erleichterung war, da es mir in gewissem Grade die Last verringerte, an der ich trug. Sechs Schüsse waren gleichzeitig gefallen, aber ich war ja in dem Augenblick nicht recht bei Sinnen gewesen, und meine überreizte Einbildung nur hatte meinen Schuß als eine Salve gesehen.

Der Mann trug keine Uniform und keine Waffen. Er war fremd in dem Land; das war alles, was wir über ihn erfuhren. Der Gedanke an ihn zehrte an mir jede Nacht; ich konnte ihn nicht loswerden. Ich konnte ihn nicht vertreiben, das Auslöschen dieses schuldlosen Lebens schien so leichtfertig. Und es schien mir das Wesen des Krieges im kleinen darzustellen: Genau so mußte der ganze Krieg sein – das Töten von Fremden, gegen die man keinen persönlichen Haß hegte, von Fremden, denen man unter anderen Bedingungen in der Not beistehen würde und die selbst Hilfe leisten würden, wenn man welche brauchte. Mir war der Feldzug verdorben. Es kam mir vor, als hätte ich nicht das richtige Zeug zu diesem schrecklichen Geschäft, als wäre der Krieg für Männer, ich aber zum Kindermädchen bestimmt. Ich beschloß, von dieser Mission eines Scheinsoldatentums zurückzutreten, solange ich noch einen Rest meiner Selbstachtung retten konnte. Diese krankhaften Gedanken saßen in mir wider alle Vernunft fest; denn im Grunde glaubte ich nicht, daß ich den Mann getroffen hatte. Das Gesetz der Wahrscheinlichkeit sprach mich von seinem Blute frei; denn in meiner geringen Erfahrung mit Gewehren hatte ich noch nie etwas getroffen, das ich treffen wollte, und ich hatte mir alle Mühe gegeben, ihn zu treffen. Dieser Gedanke war jedoch kein Trost. Gegen eine kranke Einbildung ist jede Beweisführung machtlos.

Meine übrige Kriegserfahrung war von der gleichen Art wie die oben beschriebene. Wir blieben bei dem eintönigen Herumziehen von einem Lager zum anderen und aßen dabei das Land arm. Heute wundere ich mich über die Geduld der Farmer und ihrer Familien. Sie hätten uns erschießen sollen, doch im Gegenteil, sie waren so gastfreundlich und liebenswürdig zu uns, als ob wir es verdient hätten. In einem dieser Lager trafen wir Ab Grimes, einen Lotsen vom Oberen Mississippi, der später als tollkühner Spion der Aufrührer berühmt wurde und dessen Laufbahn von verwegenen Abenteuern strotzte. Das Aussehen und die Redeweise seiner Kameraden verriet, daß sie nicht zum Spaß in den Krieg gezogen waren, und ihre Taten bestätigten später diese Vermutung. Es waren gute Reiter und Revolverschützen, doch ihre beliebteste Waffe war das Lasso. Jeder hatte eines am Sattelknopf und konnte damit jederzeit einen Mann vom Pferd holen, im vollen Galopp und aus jeder Entfernung.

Ein anderes Lager befehligte ein grimmiger, gottloser alter Schmied von sechzig Jahren, und der hatte seine zwanzig Rekruten mit gigantischen selbstgemachten Bowiemessern ausgerüstet, die beidarmig geschwungen werden mußten wie die Macheten vom Isthmus. Es war ein grausiger Anblick, wie diese ernste Schar unter den Augen des unbarmherzigen alten Fanatikers ihre mörderischen Hiebe und Streiche übte.

Das letzte Lager, zu dem wir Zuflucht nahmen, lag in einer Senke in der Nähe des Dorfes Florida, wo ich geboren wurde, in Monroe County. Hier wurde uns eines Tages gemeldet, daß ein Oberst der Union auf uns zustürme und ihm ein ganzes Regiment an den Fersen klebe. Das sah entschieden ernst aus. Unsere Jungs traten beiseite und berieten sich; dann gingen wir wieder zurück und erklärten den anderen anwesenden Kompanien, daß der Krieg eine Enttäuschung für uns war und wir uns auflösen wollten. Sie machten sich selbst gerade fertig, um zu irgendeinem Ort Zuflucht zu nehmen, warteten nur noch auf General Tom Harris, der jeden Augenblick eintreffen sollte. Deshalb wollten sie uns überreden, noch eine kleine Weile zu warten, aber die Mehrheit von uns sagte nein, wir seien das Zufluchtnehmen gewöhnt und kämen dabei ohne die Hilfe irgendeines Tom Harris' aus, wir kämen ausgezeichnet ohne ihn aus – und würden auch noch Zeit sparen. Ungefähr die Hälfte von uns fünfzehn, darunter ich, saß also auf und ritt sofort los; die anderen ließen sich überreden und blieben – blieben den ganzen Krieg hindurch.

Eine Stunde später begegnete uns auf dem Wege General Harris in Begleitung von zwei oder drei Leuten – seinem Stab vermutlich, doch konnten wir das nicht sagen. Keiner trug Uniform. Uniformen waren bei uns noch nicht Mode geworden. Harris befahl uns umzukehren, aber wir erzählten ihm, daß da ein Oberst der Union mit einem ganzen Regiment im Kielwasser angerückt käme und es aussähe, als ob es Krach geben würde, weshalb wir uns entschieden hätten, nach Hause zu gehen. Er tobte ein bißchen, aber das hatte keinen Zweck; wir waren entschlossen. Wir hatten unser Teil beigetragen, hatten einen Mann getötet, eine Armee vernichtet, wenn man ihn so nennen darf. Sollte er hingehen und die übrigen töten, das würde dem Krieg ein Ende machen. Diesen lebhaften jungen General habe ich bis zum vergangenen Jahr nicht mehr wiedergesehen; er trägt nun weißes Haar und einen Schnurrbart.

Mit der Zeit lernte ich den Oberst der Union kennen, dessen Ankunft mich aus dem Kriege verscheucht und die Sache des Südens solchermaßen geschwächt hat – General Grant. Ich war nur wenige Stunden von ihm entfernt, als er noch so unbekannt war wie ich; zu einer Zeit also, wo jeder hätte sagen können: »Grant? Ulysses S. Grant? Ich kann mich nicht erinnern, den Namen schon einmal gehört zu haben.« Man kann sich kaum vorstellen, daß es einmal eine solche Zeit gegeben hat, in der es durchaus vernünftig gewesen wäre, eine solche Bemerkung zu machen; aber es hat diese Zeit gegeben, und ich war nur wenige Meilen von dem Ort entfernt – allerdings bewegte ich mich in der anderen Richtung.

Der Nachdenkliche wird meinen Kriegsbericht nicht leicht als wertlos wegwerfen. Er hat seinen Wert: Er gibt ein nicht ungetreues Bild von den Vorgängen in vielen, vielen Militärlagern während der ersten Monate der Erhebung, als die unerfahrenen Rekruten noch keine Disziplin besaßen, noch nicht unter dem zügelnden und ermutigenden Einfluß erprobter Führer standen, und bevor die unschätzbare Erfahrung eines wirklichen Treffens die Hasen in Soldaten verwandelte. Falls diese Seite der ersten Tage noch nicht in die Geschichte des Krieges aufgenommen wurde, dann war die Geschichte in eben dem Maße unvollständig, denn sie hatte und hat dort ihren berechtigten Platz. Verstreut in den ersten Lagern unseres Landes gab es mehr Bull-Run-Leute, als selbst bei Bull Run in Erscheinung traten. Und doch lernten sie bald ihr Handwerk und halfen später die großen Schlachten schlagen. Ich hätte auch Soldat werden können, wenn ich gewartet hätte. Einen Teil hat man mir beigebracht: Ich wußte besser über den Rückzug Bescheid als der Mann, der ihn erfunden hat.

KANNIBALISMUS AUF DER EISENBAHN

Kürzlich war ich in St. Louis, und nachdem ich auf meinem Weg nach Westen in Terre Haute, Indiana, umgestiegen war, stieg auf einem kleinen Bahnhof ein freundlicher, wohlwollend aussehender Herr von ungefähr fünfundvierzig oder vielleicht fünfzig zu und setzte sich neben mich. Etwa eine Stunde unterhielten wir uns angenehm über verschiedenes, und ich fand ihn äußerst intelligent und ergötzlich. Als er hörte, daß ich aus Washington war, begann er sofort, mich nach mehreren Männern der Öffentlichkeit und Angelegenheiten des Kongresses zu fragen; ich bemerkte sehr bald, daß ich mit jemandem sprach, der mit allen Windungen des politischen Lebens der Regierungshauptstadt bis zu den Gewohnheiten, Sitten und Verfahrensweisen von Senatoren und Abgeordneten in den Häusern der gesetzgebenden Körperschaften vertraut war.

Kurz darauf blieben zwei Männer einen Augenblick neben uns stehen, und einer sagte zum anderen: »Harris, wenn du das für mich tust, werde ich dich nie vergessen, mein Junge.«

Die Augen meines neuen Gefährten leuchteten vergnügt auf. Die Worte hatten, glaube ich, eine erfreuliche Erinnerung geweckt. Dann machte er ein nachdenkliches, fast düsteres Gesicht. Er wandte sich zu mir und sagte:

»Ich will Ihnen eine Geschichte erzählen; ich will Ihnen ein geheimes Kapitel meines Lebens eröffnen – ein Kapitel, das von mir noch nie berührt worden ist, seit sich das Begebnis ereignete. Hören Sie geduldig zu und versprechen Sie, daß Sie mich nicht unterbrechen werden.«

Ich sagte, ich wolle ihn nicht unterbrechen, und er erzählte das folgende seltsame Abenteuer, indem er manchmal lebhaft, manchmal schwermütig sprach, doch immer mit Gefühl und Ernst.

»Am 19. Dezember 1853 nahm ich in St. Louis den Abendzug nach Chicago. Es waren insgesamt nur vierundzwanzig Fahrgäste. Frauen und Kinder befanden sich nicht darunter. Es herrschte eine ausgezeichnete Stimmung, und bald wurden angenehme Bekanntschaften geschlossen. Die Reise versprach eine glückliche zu werden, und kein einziges Mitglied der Gesellschaft hatte, glaube ich, auch nur die leiseste Ahnung von den Schrecken, die wir bald auszustehen haben sollten.

Um dreiundzwanzig Uhr begann es stark zu schneien. Gleich nach Verlassen der kleinen Stadt Welden kamen wir in die ungeheure Einsamkeit der großen Ebene, deren Meilen um Meilen häuserloser Einöde sich weit hinaus bis nach den Jubilee Settlements erstrecken. Ohne von Bäumen oder Hügeln oder auch von verstreuten Felsen aufgehalten zu werden, heulte der Wind ungestüm über die ebene Wüste und trieb den fallenden Schnee vor sich her wie die Gischt von den Wellenkämmen der stürmischen See. Schnell wurde der Schnee höher, und an der abnehmenden Geschwindigkeit des Zuges erkannten wir, daß sich die Lokomotive mit ständig wachsender Mühe hindurchpflügte. Sie kam tatsächlich manchmal in großen Schneewehen, die sich wie kolossale Grabhügel quer über die Schienen türmten, richtig zum Stehen. Die Unterhaltung erlahmte. Die Heiterkeit wich ernster Besorgnis. Die Möglichkeit, vom Schnee eingeschlossen zu werden, in der kahlen Prärie, fünfzig Meilen vom nächsten Haus, drang in jedermanns Vorstellung und erstreckte ihren niederdrückenden Einfluß auf eines jeden Geist.

Um zwei Uhr morgens wurde ich durch das Aufhören aller Bewegung um mich aus unruhigem Schlaf geweckt. Sofort fuhr mir die entsetzliche Wahrheit in den Sinn: Wir steckten in einer Schneewehe fest! ›Alle Mann zu Hilfe!‹ Jeder folgte schnell dem Ruf. In dem Bewußtsein, daß ein einziger verlorener Augenblick allen das Leben kosten konnte, sprang jeder von uns in die wilde Nacht, die pechschwarze Dunkelheit, in den wogenden Schnee, den wütenden Sturm. Schaufeln, Hände, Bretter – alles und jedes, womit man Schnee räumen kann, wurde sofort eingesetzt. Es war ein geisterhaftes Bild, die kleine Gesellschaft Verzweifelter, die gegen den sich häufenden Schnee ankämpfte, halb im schwärzesten Schatten und halb in dem düsteren Schein, den die Lampe der Lokomotive warf.

Eine knappe Stunde genügte, um die absolute Zwecklosigkeit unserer Anstrengungen zu beweisen. Während wir eine Schneewehe wegschaufelten, verbarrikadierte der Sturm die Strecke mit einem Dutzend neuer Wehen. Und schlimmer noch, man entdeckte, daß beim letzten großen Ansturm, den die Maschine auf den Feind unternommen hatte, die Antriebsachse gebrochen war. Selbst wenn die Strecke vor uns frei gewesen wäre, hätten wir hilflos dagesessen. Abgekämpft von der Arbeit und voll drückender Sorgen stiegen wir wieder in den Zug. Wir scharten uns um die Öfen und erörterten ernst die Lage. Lebensmittel besaßen wir überhaupt keine – das war unser größter Kummer. Erfrieren konnten wir nicht, denn im Tender befand sich ein reichlicher Vorrat an Holz. Das war unser einziger Trost. Die Aussprache endete schließlich damit, daß wir die beklemmende Feststellung des Schaffners akzeptierten, die besagte, daß es eines jeden Tod wäre, zu versuchen, fünfzig Meilen durch solchen Schnee zu Fuß zurückzulegen; wir konnten nicht nach Hilfe schicken, und selbst wenn wir das gekonnt hätten, wäre sie nicht imstande gewesen, zu uns zu gelangen; wir mußten uns fügen und warten, so geduldig wie nur möglich – Hilfe oder Hungertod! Ich glaube, als diese Worte fielen, überrieselte auch die stärksten Herzen ein flüchtiger Schauer.

In der gleichen Stunde verebbte die Unterhaltung zu einem leisen Murmeln, das man sporadisch zwischen dem Anschwellen und Abflauen der Windstöße hier und da im Wagen vernahm; der Schein der Lampen wurde schwächer, und die meisten der Gestrandeten ließen sich in den flakkernden Schatten nieder, um nachzudenken – um die Gegenwart zu vergessen, wenn sie es vermochten – um zu schlafen, wenn sie konnten.

Die ewige Nacht – uns schien sie bestimmt ewig – ließ ihre zaudernden Stunden endlich verstreichen, und die kalte graue Dämmerung brach im Osten an. Als es heller wurde, begann ein Reisender nach dem anderen sich zu rühren und Lebenszeichen von sich zu geben, und der

Reihe nach schoben sie den Schlapphut aus der Stirn, streckten die steifen Glieder und guckten aus dem Fenster auf die trostlose Landschaft. Sie war wirklich trostlos! Nirgends ein lebendes Wesen zu sehen, keine menschliche Behausung, nichts als eine unermeßliche weiße Wüste, ganze Schneefelder, die vom Winde hochgehoben und hierhin und dahin getrieben wurden, eine Welt wirbelnder Flokken, die das Firmament oben dem Blick verbargen.

Den ganzen Tag bliesen wir in den Wagen Trübsal, sprachen wenig, grübelten viel. Eine neue dahinschleichende düstere Nacht – und Hunger.

Eine neue Dämmerung, ein neuer Tag des Schweigens, der Kümmernis, des zehrenden Hungers und der hoffnungslosen Ausschau nach Hilfe, die nicht kommen konnte. Eine Nacht unruhigen Schlafes mit Träumen von Festgelagen – mit wachen Stunden, die der quälende Hunger zur Pein machte.

Der vierte Tag kam und ging – und der fünfte. Fünf Tage furchtbarer Gefangenschaft! In jedem Auge stierte wilder Hunger. Er trug Anzeichen von entsetzlicher Bedeutung – die Vorahnung von etwas, das verschwommen in eines jeden Vorstellung Gestalt annahm, etwas, das noch keine Zunge in Worte zu fassen wagte.

Der sechste Tag ging vorüber – der siebente brach über eine so dürre, abgehärmte und hoffnungslose Gesellschaft von Menschen herein, wie sie nur je im Schatten des Todes stand. Es mußte heraus! Dieses Etwas, das in jedermanns Vorstellung herangereift war, drängte sich endlich jedem auf die Lippen! Man hatte der Natur das Äußerste abverlangt – sie mußte unterliegen. Richard H. Gaston aus Minnesota, groß, totenblaß, erhob sich. Alle wußten, was nun kam. Alle waren bereit – jede Gemütsbewegung, jeder Anschein von Erregung waren erstickt, nur ein ruhiger, nachdenklicher Ernst erschien in den Augen, die eben noch so wild blickten.

›Meine Herren – es kann nicht länger aufgeschoben werden! Die Zeit ist da! Wir müssen bestimmen, wer von uns sterben soll, um die übrigen mit Nahrung zu versorgen!‹

Mr. John J. Williams aus Illinois erhob sich und sagte: ›Meine Herren, ich schlage Hochwürden James Sawyer aus Tennessee als Kandidaten vor.‹

Mr. Wm. R. Adams aus Indiana sagte: ›Ich schlage Mr. Daniel Slote aus New York als Kandidaten vor.‹

Mr. Charles J. Langdon: ›Ich schlage Mr. Samuel A. Bowen aus St. Louis als Kandidaten vor.‹

Mr. Slote: ›Meine Herren, ich möchte zurücktreten zugunsten von Mr. John A. Van Nostrand jr. aus New Jersey.‹

Mr. Gaston: ›Wenn niemand Einspruch erhebt, wird dem Wunsche des Herrn entsprochen.‹

Da Mr. Van Nostrand Einspruch erhob, wurde das Rücktrittsgesuch Mr. Slotes abgelehnt. Rücktrittsgesuche wurden auch von den Kandidaten Sawyer und Bowen eingebracht und aus denselben Gründen abgelehnt.

Mr. A. L. Bascom aus Ohio: ›Ich beantrage, daß die Kandidatenliste abgeschlossen wird und das Haus zur geheimen Abstimmung schreitet.‹

Mr. Sawyer: ›Meine Herren, ich erhebe scharfen Protest gegen dieses Verfahren. Es ist in jeder Hinsicht ordnungswidrig und unziemlich. Ich möchte höflichst beantragen, daß es eingestellt wird und daß wir einen Vorsitzenden der Verhandlung und geeignete Beamte zu seiner Unterstützung wählen, und dann können wir in der vorliegenden Sache verständig fortfahren.‹

Mr. Bell aus Iowa: ›Meine Herren, ich erhebe Einspruch. Dies ist keine Zeit, sich auf Formen und die Einhaltung des Zeremoniells zu versteifen. Mehr als sieben Tage sind wir ohne Nahrung. Jeder Augenblick, den wir mit müßiger Erörterung verlieren, vergrößert unser Elend. Ich billige die Nominierung, die hier vorgenommen wurde – jeder der anwesenden Herren billigt sie, glaube ich –, und was mich betrifft, so sehe ich keinen Grund, weshalb wir nicht sofort dazu übergehen sollten, einen oder mehrere der Kandidaten zu wählen. Ich möchte eine Resolution einbringen...‹

Mr. Gaston: ›Es würde Einspruch dagegen erhoben werden, und sie müßte gemäß Satzung einen Tag liegenbleiben, was genau zu der Verzögerung führen würde, die Sie zu vermeiden wünschen. Der Herr aus New Jersey...‹

Mr. Van Nostrand: ›Meine Herren, ich bin Ihnen fremd; ich habe die Auszeichnung nicht begehrt, die mir zuteil geworden ist, und mein Zartgefühl...‹

Mr. Morgan aus Alabama (ihn unterbrechend): ›Ich unterstütze den vorhergehenden Antrag.‹

Der Antrag wurde angenommen und eine weitere Debatte natürlich abgeschnitten. Der Antrag, einen Vorstand zu wählen, kam durch, und dabei wurden dann Mr. Gaston zum Vorsitzenden gewählt, Mr. Blake zum Sekretär und die Herren Holcomb, Dyer und Baldwin als Nominierungsausschuß und Mr. R. M. Howland zum Proviantmeister, der den Ausschuß bei der Auswahl unterstützen sollte.

Die Sitzung wurde dann eine halbe Stunde vertagt, und es folgte ein bißchen Agitation zur Vorbereitung der Wahl. Mit dem Klopfen des Hammers traten die Mitglieder wieder zusammen, und der Ausschuß gab seinen Bericht, in dem er sich für die Herren George Ferguson aus Kentucky, Lucien Herman aus Louisiana und W. Messick aus Colorado als Kandidaten aussprach. Der Bericht wurde angenommen.

Mr. Rogers aus Missouri: ›Herr Präsident! Da der Bericht dem Hause nunmehr ordnungsgemäß vorliegt, beantrage ich eine Änderung, indem man statt des Namens von Mr. Herman den von Mr. Lucius Harris aus St. Louis einsetzt, der uns allen gut als ehrenhaft bekannt ist. Ich möchte nicht so verstanden werden, als wolle ich auch nur im geringsten ein schlechtes Licht auf den Ruf und das hohe Ansehen des Herrn aus Louisiana werfen – weit davon entfernt. Ich schätze und achte ihn so sehr, wie ihn jeder hier anwesende Herr möglicherweise nur schätzen kann; aber niemand von uns kann die Tatsache übersehen, daß er in der Woche, die wir hier liegen, mehr Fleisch verloren hat als jeder andere; niemand von uns kann die Tatsache übersehen, daß der Ausschuß seine Pflicht verletzte, sei es aus Fahrlässigkeit oder einem schwereren Vergehen, wenn es uns einen Herrn zur Abstimmung darbietet, der, so lauter seine eigenen Beweggründe auch sein mögen, wirklich weniger Nährstoff enthält...‹

Der Vorsitzende: ›Der Herr aus Missouri möchte Platz nehmen. Der Vorsitzende kann es nicht zulassen, daß die Integrität des Ausschusses angezweifelt wird, es sei denn durch ein ordentliches Verfahren gemäß Satzung. Welche Schritte will das Haus in bezug auf den Antrag dieses Herrn unternehmen?‹

Mr. Halliday aus Virginia: ›Ich stelle einen weiteren Antrag, den Bericht zu ändern, indem man Mr. Messick durch Mr. Harvey Davis aus Oregon ersetzt. Es mag von den Herren vorgebracht werden, daß die Strapazen und Entbehrungen des Lebens an der Grenze Mr. Davis zäh gemacht haben; aber, meine Herren, ist das der richtige Zeitpunkt über Zähigkeit zu nörgeln? Ist das der richtige Zeitpunkt, in Kleinigkeiten wählerisch zu sein? Nein, meine Herren, Masse ist es, was wir wünschen, Substanz, Gewicht, Masse – das sind jetzt die allerersten Erfordernisse, und nicht Talent, nicht geniale Begabung, nicht Bildung. Ich bestehe auf meinem Antrag.‹

Mr. Morgan (erregt): ›Herr Vorsitzender – gegen diese Änderung erhebe ich schärfsten Einspruch. Der Herr aus Oregon ist alt, und überdies machen nur die Knochen seine Masse aus – nicht das Fleisch. Ich frage den Herrn aus Virginia, ob wir etwa Suppe wollen anstelle fester Nahrung? Ob er uns mit Schatten täuschen will? Ob er unser Leiden mit einem Gespenst aus Oregon verhöhnen will? Ich frage ihn: Wenn er sich einmal umschaut und sich die bekümmerten Gesichter ansieht, wenn er einmal in unsere traurigen Augen blickt, wenn er einmal dem Pochen unserer erwartungsvollen Herzen lauscht – ob er uns dann noch den vom Hunger gezeichneten Betrug andrehen will? Ich frage ihn: Wenn er einmal unsere Verlassenheit, unseren vergangenen Schmerz und unsere dunkle Zukunft bedenkt – ob er uns dann noch erbarmungslos mit diesem Wrack, dieser Ruine, diesem schwankenden Schwindel, diesem knorrigen, verdorbenen und saftlosen Vagabunden aus Oregons ungastlichen Gefilden anschmieren will? Niemals!‹ (Beifall.)

Nach heftiger Debatte wurde der Abänderungsantrag zur Abstimmung gebracht und abgelehnt. Dem ersten Abänderungsantrag gemäß wurde Mr. Harris eingesetzt. Dann begann die Wahl. Fünf Wahlgänge verliefen ohne Ergebnis. Im sechsten wurde Mr. Harris gewählt, wobei alle außer ihm selbst für ihn stimmten. Es wurde dann beantragt, daß seine Wahl durch Akklamation ratifiziert werden solle, was erfolglos war, da er wieder gegen sich stimmte.

Mr. Radway stellte den Antrag, daß sich das Haus nun mit den übrigen Kandidaten befassen und eine Wahl für das Frühstück durchführen solle. Dem wurde zugestimmt.

Im ersten Wahlgang gab es eine Stimmengleichheit, da die Hälfte der Mitglieder den einen Kandidaten wegen seiner Jugend, die andere Hälfte den anderen wegen seiner überragenden Größe unterstützte. Der Präsident gab seine entscheidende Stimme dem letzteren, Mr. Messick. Unter den Freunden Mr. Fergusons, des unterlegenen Kandidaten, rief das eine beträchtliche Unzufriedenheit hervor, und man redete davon, daß man einen neuen Wahlgang fordern wolle; mittendrin wurde jedoch einem Antrag auf Vertagung stattgegeben, und die Versammlung ging sofort auseinander.

Die Vorbereitungen zum Abendessen lenkten die Aufmerksamkeit der Ferguson-Partei eine ganze Weile von der Erörterung ihrer Beschwerde ab, und als sie die Diskussion wieder aufnehmen wollte, schlug die freudige Bekanntmachung, daß Mr. Harris fertig sei, alle Gedanken daran in den Wind.

Wir richteten provisorisch Tische her, indem wir die Lehnen der Sitze hochklappten, und setzten uns dankbaren Herzens zu dem feinsten Abendessen nieder, das sieben quälende Tage lang unsere Träume beglückt hatte. Wie umgewandelt wir waren gegenüber unserem Zustand wenige Stunden zuvor! Hoffnungslosigkeit, trübäugiges Elend, Hunger, fieberndes Verlangen, Verzweiflung – und nun Dankbarkeit, Gelassenheit, eine Freude, die zu groß war, um Ausdruck zu finden. Ich weiß, dies war die froheste Stunde meines ereignisreichen Lebens. Der Wind heulte und trieb den Schnee wild um unser Gefängnis, aber er hatte keine Macht, uns noch in Trübsal zu stürzen.

Mir gefiel Harris. Vielleicht hätte man ihn besser zubereiten können, aber ich bin bereit zu sagen, daß mir niemals jemand besser bekommen ist als Harris oder mir in einem solchen Maße Befriedigung gewährte. Messick war zwar sehr gut, obwohl ziemlich stark gewürzt, aber was unverfälschte Nahrhaftigkeit und die Zartheit der Fasern betrifft, da lobe ich mir Harris. Messick hatte seine guten Seiten – ich versuche nicht, das zu leugnen, und will es auch gar nicht leugnen –, aber er paßte zum Frühstück ebensowenig wie eine Mumie, Sir – ganz genausowenig. Mager? – du meine Güte! – und zäh? Oh, der war zäh! Sie machen sich kein Bild – Sie machen sich ja überhaupt kein Bild davon.«

»Wollen Sie mir etwa erzählen, daß...«

»Unterbrechen Sie mich bitte nicht. Nach dem Frühstück wählten wir einen Mann namens Walker aus Detroit zum Abendbrot. Er war sehr gut. Später schrieb ich das seiner Frau. Ihm gebührt jedes Lob. Ich werde Walker niemals vergessen. Er war nicht ganz durch, aber sonst sehr gut. Und am nächsten Morgen hatten wir dann Morgan aus Alabama zum Frühstück. Das war einer der feinsten Männer, über die ich mich je hergemacht habe – ansehnlich, gebildet, vornehm, sprach mehrere Sprachen fließend, ein vollendeter Gentleman – er war ein vollendeter Gentleman und ungewöhnlich saftig.

Zum Abendbrot hatten wir diesen Mummelgreis aus Oregon, und das *war* ein Betrug, da gibt es gar keine Frage – alt, dürr, zäh, das kann sich niemand ausmalen. Schließlich sagte ich: ›Meine Herren, Sie können machen, was Sie wollen, aber ich werde auf die nächste Wahl warten.‹

Und Grimes aus Illinois sagte: ›Meine Herren, auch ich werde warten. Wenn Sie jemanden wählen, der auch nur etwas hat, das für ihn spricht, wird es mir angenehm sein, Ihnen wieder Gesellschaft zu leisten.‹

Bald wurde offensichtlich, daß mit Davis aus Oregon allgemeine Unzufriedenheit herrschte; um das gegenseitige Wohlwollen zu erhalten, das sich so erfreulich durchsetzte, nachdem wir Harris gehabt hatten, wurde also zur Wahl gerufen, mit dem Ergebnis, daß Baker aus Georgia gewählt wurde. Er war prächtig. Nun, danach hatten wir Doolittle, Hawkins und McElroy (es gab einige Beschwerden über McElroy, denn er war ungewöhnlich klein und dünn) und Penrod, zwei Smiths und Bailey (Bailey hatte ein Holzbein, was ein klarer Ausfall war, aber sonst war er gut) und einen Indianerjungen, einen Leierkastenmann und einen Herrn namens Buckminster – einen armseligen langweiligen Vagabunden, der zur Gesellschaft nicht taugte und als Frühstück nichts wert war. Wir waren froh, daß wir ihn noch wählen konnten, bevor wir befreit wurden.«

»So kam also die glückliche Befreiung doch noch?«

»Ja, sie kam eines strahlenden, sonnigen Morgens kurz nach der Wahl. Die fiel auf John Murphy, und es gab keinen Besseren, das will ich gern bestätigen; aber in dem Zug, der uns zu Hilfe kam, fuhr John Murphy mit uns nach Hause und blieb am Leben, um die Witwe Harris zu heiraten...«

»Die Witwe des...«

»Die Witwe unseres zuerst Gewählten. Er hat sie geheiratet und ist immer noch glücklich und angesehen und gedeiht wohl. Oh, es war wie ein Roman, Sir, es war wie ein Abenteuerroman. Das ist meine Station, Sir, ich muß mich verabschieden. Wenn es Ihnen einmal gelegen sein sollte, einen Tag oder zwei bei mir zu verbringen, so wird es mich jederzeit freuen, Sie zu empfangen. Sie gefallen mir, Sir; ich habe eine Zuneigung zu Ihnen gefaßt. Sie könnten mir so sehr gefallen, wie mir Harris selbst gefiel, Sir. Guten Tag, Sir, und angenehme Reise.«

Er war weg. In meinem ganzen Leben habe ich mich nie so niedergeschmettert, so elend, so durcheinander gefühlt. Doch im Innersten war ich froh, daß er weg war. Trotz all der Sanftheit seines Benehmens und seiner weichen Stimme hatte ich immer geschaudert, wenn er sein hungriges Auge auf mich richtete; und als ich hörte, ich hätte seine gefährliche Zuneigung gewonnen und stünde in seiner Wertschätzung fast neben dem verstorbenen Harris, da stockte mir ganz und gar das Herz!

Ich war über alle Beschreibung verwirrt. An seinen Worten zweifelte ich nicht; an einem Bericht, der solchermaßen vom Eifer der Wahrheit geprägt war, konnte ich nicht einen einzigen Punkt in Frage stellen; doch überwältigten mich die schrecklichen Einzelheiten und warfen meine Gedanken hoffnungslos durcheinander. Ich sah, wie mich der Schaffner anschaute. »Wer war dieser Mann?« fragte ich.

»Er war früher Kongreßmitglied, und zwar ein gutes. Doch er blieb einmal mit dem Zug in einer Schneewehe stecken und wäre beinahe Hungers gestorben. Er holte sich solche Erfrierungen und fror dermaßen ein und war so erschöpft aus Mangel an Nahrung, daß er danach zwei oder drei Monate krank und nicht mehr ganz richtig war. Jetzt ist er wieder in Ordnung, nur hat er eine Zwangsvorstellung, und wenn er auf das alte Thema zu sprechen kommt, hört er nicht eher auf, bis er die ganze Wagenladung von Leuten verspeist hat, von denen er redet. Er wäre inzwischen mit der Gesellschaft fertig geworden, nur mußte er aussteigen. Wie das Abc hat er ihre Namen zur Hand. Wenn er sie alle außer sich selbst aufgegessen hat, sagt er immer: ›Als dann die Stunde der üblichen Wahl zum Frühstück gekommen war und es keine Opposition gab, wurde ich ordnungsgemäß gewählt, worauf ich, da kein Einspruch erhoben wurde, zurücktrat. Und so bin ich hier.‹«

Ich fühlte mich unbeschreiblich erleichtert, als ich erfuhr, daß ich nur den harmlosen Hirngespinsten eines Verrückten zugehört hatte und nicht den authentischen Erfahrungen eines blutrünstigen Kannibalen.

LUKRETIA SMITHS SOLDAT

Ich bin ein lebhafter Bewunderer dieser niedlichen, ekelhaften Kriegsgeschichten, die in jüngster Zeit so beliebt sind, und während der vergangenen drei Monate habe ich an einer Geschichte dieser Art gearbeitet, die nun vollendet ist. Man kann sich darauf verlassen, daß sie in allen Einzelheiten wahr ist, da die Tatsachen, die sie enthält, aus den amtlichen Berichten des Kriegsministeriums in Washington zusammengestellt wurden. Es ist auch meinerseits nur billig, zuzugeben, daß ich »Jominis Kriegskunst«, die »Botschaft des Präsidenten nebst damit verbundener Dokumente« und diverse Karten und militärische Arbeiten weitgehend mit herangezogen habe, die man bei der Gestaltung eines solchen Romans notwendig zum Nachschlagen braucht. Es ist mir ein Vergnügen, den hilfsbereiten Direktoren der Überlandtelegraphengesellschaft meinen Dank dafür abzustatten, daß sie mir ihre Drähte zum üblichen Tarif zur Verfügung stellten. Und schließlich nehme ich die Gelegenheit wahr, auch all jenen gütigen Freunden, die mir durch gute Taten oder ermunternde Worte bei der Arbeit an dieser Geschichte »Lukretia Smiths Soldat« beigestanden haben, meine aufrichtigste Dankbarkeit auszusprechen.

1. Kapitel

Eines balsamischen Maimorgens des Jahres 1861 lag das Dörfchen Bluemass in Massachusetts eingehüllt im Glanz der eben aufgegangenen Sonne. Reginald de Whittaker, Prokurist und einziger Verkäufer im Hause Bushrod & Ferguson, Schnitt- und Kolonialwarenhändler und Posthalter, erhob sich von seiner Schlafkoje unterm Ladentisch und schüttelte sich. Nachdem er behaglich gegähnt und sich gedehnt hatte, sprengte er den Fußboden und begab sich daran, ihn zu kehren. Er war mit seiner Aufgabe jedoch erst halb fertig, als er sich auf ein Fäßchen Nägel setzte und ins Träumen verfiel.

»Das ist mein letzter Tag in dieser Bruchbude«, sagte er. »Da wird Lukretia staunen, wenn sie hört, daß ich Soldat werde! Wie stolz sie sein wird, die süße Kleine!«

Er stellte sich selbst in allerlei kriegerischen Situationen vor: als Held tausend absonderlicher Abenteuer, als Mann mit wachsendem Ruhm, als Liebling des Glücks endlich, und schließlich sah er sich nach Hause kehren: als braungebrannter und mit Narben gezeichneter Brigadegeneral, der seine Ehren und seine gereifte, vollkommene Liebe seiner Lukretia Borgia Smith zu Füßen legte.

An diesem Punkte durchzuckte ein Schauer der Freude und des Stolzes seine Glieder, aber er blickte nieder und sah seinen Besen und wurde rot. Aus den Wolken, in denen er geschwebt hatte, kam er heruntergepurzelt und war wieder ein unbekannter Verkäufer mit zweieinhalb Dollar die Woche.

2. Kapitel

Reginald, dessen Herz bebte vor Stolz auf die Nachricht, die er seiner Geliebten bringen wollte, saß abends acht Uhr desselben Tages in Mr. Smiths guter Stube und wartete auf Lukretias Erscheinen. In dem Augenblick, als sie eintrat, sprang er ihr entgegen, das Gesicht von der Fackel der Liebe erhellt, die irgendwo in seinem Kopf loderte und durchschien, und stieß aus: »Mein ein und alles!«, als er die Arme öffnete, um sie zu empfangen.

»Mein Herr!« sagte sie und richtete sich stolz empor wie eine beleidigte Königin.

Dem armen Reginald verschlug es die Sprache. Dieses frostige Betragen, diese zornige Abweisung, wo er die gewohnte zärtliche Begrüßung erwartete, verbannten die Freude aus seinem Herzen, wie die freundliche Helligkeit von der Landschaft hinweggewischt wird, wenn eine dunkle Wolke quer über das Angesicht der Sonne treibt. Einen Augenblick war er bestürzt, mit einem Gefühl des Verlorenseins, wie einer, der sich plötzlich über Bord in mitternächtlicher See befindet und das Schiff in das hüllende Dunkel gleiten sieht, während sich die furchtbare Gewißheit seiner Seele bemächtigt, daß man ihn nicht vermißt. Er versuchte zu sprechen, doch die blassen Lippen versagten ihm den Dienst. Schließlich murmelte er:

»O Lukretia! Was habe ich getan? Was ist los? Weshalb die grausame Kälte? Liebst du deinen Reginald nicht mehr?«

In bitterer Verachtung warf sie ihre Lippen auf und antwortete in spöttischem Ton: »Ob ich meinen Reginald nicht mehr liebe? Nein, ich liebe meinen Reginald nicht mehr! Geh zurück zu deinem jämmerlichen Ramschladen und nimm deine Elle und stopf dir Baumwolle in die Ohren, damit du nicht hörst, wie dich dein Vaterland ruft, dich einzureihen und das Gewehr zu schultern. Geh!« Und dann, ohne das neue Licht zu beachten, das in seinen Augen aufblitzte, floh sie aus dem Zimmer und schlug die Tür hinter sich zu.

Nur einen Augenblick länger! Nur einen Augenblick länger, dachte er, und er hätte ihr erzählen können, wie er dem Aufruf bereits gefolgt war und sich in die Stammrolle eingeschrieben hatte, und alles wäre gut gewesen; die verlorene Braut wäre mit Worten des Lobs und der Danksagung auf den Lippen in seine Arme zurückgekehrt. Er machte einen Schritt vorwärts, einmal, um sie zurückzurufen, aber ihm fiel ein, daß er kein weichlicher Schnittwarenfuchser mehr war, und seine Kriegerseele verschmähte es, um Gnade zu flehen. Mit militärischer Entschiedenheit verließ er langen Schritts den Ort und drehte sich nicht mehr um.

3. Kapitel

Als Lukretia am nächsten Morgen erwachte, trug der sanfte Frühlingswind die leise Musik der Querpfeife und die Wirbel einer entfernten Trommel an ihr Ohr, und während sie lauschte, wurden die Klänge schwächer und verloren sich schließlich ganz. Viele Minuten lag sie in Gedanken versunken da, und dann seufzte sie und sagte: »Oh! Wenn er nur bei den Burschen jener Truppe wäre, wie würde ich ihn lieben!«

Im Laufe des Tages kam ein Nachbar herein, und als sich die Unterhaltung den Soldaten zuwandte, sagte der Besucher: »Reginald de Whittaker sah ziemlich niedergeschlagen aus und jubelte nicht, als er mit den anderen Jungen heute früh vorbeimarschierte. Ich vermute, Sie sind schuld daran, Miss Lu; doch gestern abend, als ich ihn auf seinem Wege hierher traf, wo er Ihnen erzählen wollte, daß er Soldat geworden ist, da glaubte er, das würde Ihnen gefallen und Sie würden stolz auf... Gütiger Himmel! Was um alles in der Welt ist bloß mit dem Mädchen los?«

Nichts; ein plötzlicher Schmerz hatte nur wie ein Gifthauch ihr Herz befallen, und eine Totenblässe telegraphierte das ihrem Gesicht. Ohne ein Wort erhob sie sich und ging mit festem Schritt aus dem Zimmer; aber sobald sie in der heiligen Abgeschlossenheit ihrer Kammer war, versagte ihr starker Wille, und sie brach in eine Flut leidenschaftlicher Tränen aus. Sie machte sich bittere Vorwürfe wegen ihrer dummen Eile am vergangenen Abend und weil sie den Liebsten gerade in dem Moment so barsch angefahren hatte, als er gekommen war, um ihrem stolzesten Herzenswunsch zuvorzukommen und ihr zu sagen, daß er sich unter das Kriegsbanner gemeldet hatte und hinauszog, um als *ihr* Soldat zu kämpfen. Ach! Andere Mädchen würden Soldaten auf den ruhmreichen Feldern haben und ein Recht auf die süße Pein besitzen, ein zartes Gefühl der Sorge um sie zu hegen, sie aber würde keinen dabei haben. In all den ungeheuren Armeen würde nicht ein Soldat ihren Namen hauchen, wenn er sich mutig gegen die rote Flut des Krieges stemmte. Wieder weinte sie – oder besser, sie fuhr dort mit Weinen fort, wo sie einen Augenblick vorher aufgehört hatte. In der Bitternis ihrer Seele verfluchte sie fast die Voreiligkeit, die all diesen Kummer über ihr junges Leben gebracht hatte.

Wochenlang hegte sie ihren Gram in der Stille, unterdes die Rosen von ihren Wangen blichen. Und während all dem klammerte sie sich an die Hoffnung, daß die alte Liebe eines Tages in Reginalds Herz wieder aufblühen und er ihr schreiben würde; aber die langen Sommertage zogen schleppend dahin, und noch immer kam kein Brief. Die Zeitungen strotzten von Geschichten über Gemetzel und Schlachten, und eifrig las sie alle, doch stets mit dem gleichen Ergebnis: Tränen quollen hervor und verwischten die letzten Zeilen – nach dem Namen, den sie suchte, hielt sie vergeblich Ausschau, und wieder befiel der dumpfe Schmerz ihr verzagendes Herz. Briefe an die anderen Mädchen erwähnten ihn manchmal kurz und entwarfen immer dasselbe Bild von ihm: das eines düsteren, nie lachenden, verzweifelten Mannes, immer im dicksten Kampfgewühl, vom Pulver geschwärzt, der ruhig und unversehrt durch Gewitter von Kugeln und Granaten ging, als sei er dagegen durch einen Zauber gefeit.

Doch in der langen Liste der Verwundeten und Gefallenen las Lukretia endlich die schrecklichen Worte und fiel ohnmächtig zu Boden: »R. D. Whittaker, Gemeiner, schwerverwundet.«

4. Kapitel

Auf einer Bettstelle einer Station eines Washingtoner Lazaretts lag ein verwundeter Soldat; sein Kopf war so dick verbunden, daß die Gesichtszüge nicht zu erkennen waren; doch das frohe Gesicht des jungen Mädchens, das bei ihm saß, war unverkennbar das der Lukretia Borgia Smith. Vor mehreren Wochen hatte sie ihn ausfindig gemacht, und seitdem hatte sie geduldig bei ihm gewacht und ihn gepflegt, war morgens, sobald der Militärarzt mit dem Verbinden fertig war, gekommen und hatte ihn nie eher verlassen, als bis sie bei einbrechender Nacht abgelöst wurde. Eine Kugel hatte ihm den Unterkiefer zerschmettert, und er konnte keine Silbe sprechen; während all ihres ermüdenden Wachens war sie nicht ein einziges Mal von einem Wort des Dankes von seinen Lippen beglückt worden; doch sie hielt mutig und ohne zu murren auf ihrem Posten aus, da sie glaubte, wenn er wieder gesund würde, dann würde sie Worte hören, die sie für all ihre Aufopferung mehr als belohnten.

Zu der Stunde, die wir für den Beginn dieses Kapitels ausgewählt haben, befand sich Lukretia in einem Aufruhr von Glücksgefühlen; denn der Militärarzt hatte ihr endlich gesagt, ihr Whittaker sei so weit wiederhergestellt, daß man ihm den Kopfverband abnehmen könne, und sie wartete nun mit fiebriger Ungeduld darauf, daß der Arzt käme und die geliebten Züge ihrem Blick enthüllte. Endlich kam er, und mit strahlenden Augen und bebendem Herzen beugte sich Lukretia in gespannter Erwartung über das Bett. Eine Binde wurde abgenommen, dann eine weitere und noch eine und siehe, das arme verwundete Gesicht wurde dem Tageslicht enthüllt.

»O mein allerlieb...«

Was ist das? Was ist los? Ach! Es war das Gesicht eines Fremden.

Arme Lukretia! Eine Hand auf den nach oben gerichteten Augen, wankte sie, vor Schmerz stöhnend, zurück. Dann verzerrte ein Anfall von Wut ihr Antlitz, als sie ihre Fäuste auf den Tisch krachte, daß die Medizinflaschen tanzten, und sie rief aus: »Oh! Da soll doch ein Donnerwetter dreinschlagen, wenn ich hier nicht drei geschlagene Wochen damit vertrödelt habe, über einem falschen Soldaten zu schluchzen!«

Das war also die traurige Wahrheit. Der unglückliche, aber unschuldige und unwissentliche Betrüger war R. D. oder Richard Dilworthy Whittaker aus Wisconsin, der Soldat der lieben kleinen Eugenie Le Mulligan aus demselben Bundesstaat, und unserer unseligen Lukretia B. Smith völlig unbekannt.

So ist das Leben, und der Schwanz der Schlange schwebt über uns allen. Wir wollen den Vorhang vor dieser schwermütigen Geschichte ziehen – denn schwermütig muß sie noch bleiben, wenigstens noch eine Weile, denn der richtige Reginald de Whittaker ist noch nicht aufgetaucht.

DIE GESCHICHTE DES INVALIDEN

Ich scheine sechzig zu sein und verheiratet, aber dieser Eindruck ist auf meinen Zustand und meine Leiden zurückzuführen, denn ich bin Junggeselle und erst einundvierzig. Es wird Ihnen schwerfallen, zu glauben, daß ich, der ich jetzt nur noch ein Schatten bin, vor zwei kurzen Jahren noch ein rüstiger Mann war, ein Mann aus Eisen, ein richtiger Athlet! – doch das ist die reine Wahrheit. Aber seltsamer noch als diese Tatsache ist die Art und Weise, auf die ich meine Gesundheit verlor. Ich verlor sie dadurch, daß ich mich in einer Winternacht auf einer Eisenbahnfahrt über zweihundert Meilen um eine Kiste Gewehre kümmern half. Das ist tatsächlich wahr, und ich will Ihnen das erzählen.

Ich bin in Cleveland, Ohio, ansässig. Eines Winterabends vor zwei Jahren kam ich in einem wilden Schneetreiben kurz nach Einbruch der Dunkelheit nach Hause, und das erste, was ich bei Betreten des Hauses hörte, war, daß mein bester Jugend- und Schulfreund, John B. Hackett, am Vortage gestorben war und daß er mit seinen letzten Worten den Wunsch geäußert hatte, ich sollte seine sterblichen Überreste zu seinem armen alten Vater und seiner Mutter nach Wisconsin bringen.

Ich war sehr erschüttert und betrübt, aber es durfte keine Zeit mit Gefühlen verschwendet werden; ich mußte sofort aufbrechen. Ich nahm die Adreßkarte mit der Aufschrift »Diakon Levi Hackett, Bethlehem, Wisconsin« und jagte los durch den pfeifenden Sturm zum Bahnhof. Als ich dort ankam, fand ich die lange Fichtenholzkiste, die man mir beschrieben hatte; ich befestigte die Karte mit einigen kleinen Nägeln daran, sorgte dafür, daß die Kiste sicher in den Gepäckwagen gelangte, und rannte in den Speisesaal, um mich mit einem belegten Brot und ein paar Zigarren zu versorgen. Als ich kurz danach zurückkehrte, war mein Sarg offenbar *wieder da*, und ein junger Bursche untersuchte ihn ringsherum, eine Adreßkarte in der Hand sowie einige kleine Nägel und einen Hammer! Ich staunte und wunderte mich. Er begann, seine Karte anzunageln, und ich stürmte ziemlich aufgebracht zum Gepäckwagen, um eine Erklärung zu verlangen. Aber nein – dort stand meine Kiste ganz richtig im Gepäckwagen; mit ihr war nichts geschehen.

(Tatsache ist, daß uns ein gewaltiges Versehen unterlaufen war, ohne daß ich es ahnte. Ich nahm eine Kiste Gewehre mit, die der junge Bursche zum Bahnhof gebracht hatte, um sie an eine Schützenkompanie in Peoria, Illinois, zu verfrachten, und er hatte meine Leiche!)

In dem Augenblick rief der Schaffner: »Einsteigen, bitte!«, und ich sprang in den Wagen der Eisenbahnspeditionsgesellschaft und erhielt einen bequemen Platz auf einer Sendung Eimer. Der Packmeister war angestrengt bei der Arbeit – ein einfacher Mann von fünfzig Jahren, mit einem arglosen, ehrlichen, gutmütigen Gesicht und einer frischen, handfesten Herzlichkeit in seinem Wesen. Als sich der Zug in Bewegung setzte, sprang ein Fremder in unseren Wagen und stellte ein Paket Limburger Käse, der auffällig »durch« und leistungsfähig war, auf das eine Ende meines Sargs – ich meine, meiner Gewehrkiste. Das heißt, *jetzt* weiß ich, daß es Limburger Käse war, doch damals hatte ich von diesem Artikel mein ganzes Leben noch nichts gehört und kannte seine Eigenschaften überhaupt nicht.

Nun, wir sausten durch die wilde Nacht, der heftige Sturm wütete weiter, trostlose Trübsal befiel mich, und mein Mut sank immer tiefer! Der alte Packmeister machte ein oder zwei muntere Bemerkungen über den Sturm und das arktische Wetter, schob die Schiebetür krachend zu, verriegelte sie, schloß das Fenster dicht und lief dann geschäftig herum, hierhin und dahin, rückte die Sachen zurecht und summte die ganze Zeit zufrieden »Später, Liebling« mit tiefer Stimme und ziemlich oft falsch.

Kurz danach bemerkte ich, daß ein höchst übler und durchdringender Geruch in der eiskalten Luft herumzog. Das bedrückte mich noch mehr, denn ich schrieb ihn natürlich meinem armen verschiedenen Freunde zu. Es lag etwas unendlich Bekümmerndes in dieser stummen, bemitleidenswerten Art, sich mir in Erinnerung zu bringen, so daß es mir schwerfiel, die Tränen zurückzuhalten. Überdies bedrückte es mich wegen des alten Packmeisters, der, wie ich fürchtete, es wahrnehmen könnte. Er fuhr jedoch ruhig fort zu summen und verriet nichts; dafür war ich dankbar. Dankbar ja, aber mir war dennoch unbehaglich; und bald fühlte ich mich mit jeder Minute unbehaglicher, denn mit jeder Minute, die verging, verstärkte sich der Geruch und wurde immer fauliger und unerträglicher.

Bald darauf, als der Packmeister alle Sachen zu seiner Zufriedenheit angeordnet hatte, nahm er Holz her und machte ein riesiges Feuer in seinem Ofen. Das bedrückte mich mehr, als ich sagen kann, denn ich konnte mich des Gefühls nicht erwehren, daß das ein Fehler war. Ich war überzeugt, daß dies auf meinen armen verschiedenen Freund eine schädliche Wirkung ausüben würde. Thompson – der Packmeister hieß Thompson, wie ich im Laufe der Nacht herausfand – ging nun schnüffelnd in seinem Wagen herum, wobei er jeden einzelnen Spalt zustopfte, den er nur finden konnte, und äußerte, es sei ganz gleich, was draußen für eine Nacht herrsche, er habe jedenfalls vor, es uns gemütlich zu machen. Ich sagte nichts, aber ich glaubte, er schlug nicht den richtigen Weg dazu ein. Unterdessen summte er vor sich hin, genau wie zuvor, und unterdessen wurde auch der Ofen immer heißer und die Luft immer stickiger. Ich merkte, wie ich bleich und wie mir übel wurde, doch grämte ich mich still und sagte nichts. Bald fiel mir auf, daß das »Später, Liebling« allmählich leiser wurde; dann hörte es ganz auf, und es herrschte ein drohendes Schweigen.

Nach einer Weile sagte Thompson: »Puh! Ich schätze, 's war kein Zimt, mit dem ich den Ofen hier vollgestopft hab!«

Er schnaufte ein-, zweimal, ging dann auf den Sa... – auf die Gewehrkiste zu, blieb einen halben Augenblick über dem Limburger Käse stehen, kam dann zurück und setzte sich neben mich, wobei er reichlich mitgenommen aussah. Nach einer besinnlichen Pause sagte er, mit einer Geste auf die Kiste weisend:

»Freund von Ihnen?«

»Ja«, sagte ich mit einem Seufzer.

»Der ist ziemlich reif, was!«

Ungefähr zwei Minuten lang wurde nichts weiter gesprochen, da jeder mit seinen eigenen Gedanken beschäftigt war; dann sprach Thompson mit leiser, ergriffener Stimme: »Manchmal ist es unsicher, ob sie wirklich tot sind oder nicht – *scheintot*, wissen Sie, Körper warm, Gelenke biegsam –, und obgleich man *glaubt*, sie sind tot, weiß man's deshalb noch lange nicht genau. Ich hatte solche Fälle in meinem Wagen. Es ist wirklich entsetzlich, weil man vorher nicht weiß, welche Minute sie aufstehen und einen angucken!«

Dann, nach einer Pause, den Ellbogen leicht zur Kiste hin hebend: »Aber *der* liegt in keiner Trance! Nein, Sir, für *den* setz ich meinen Kopf!«

Einige Zeit saßen wir in nachdenklichem Schweigen da, dem Winde lauschend und dem Rattern des Zuges; dann sagte Thompson mit großer Rührung: »Jaja, wir müssen alle mal abtreten, da kommen wir nicht drumrum. Der Mensch, vom Weibe geboren, lebt nur kurze Zeit, wie's in der Bibel heißt. Ja, darüber mag man denken, wie man will, es ist furchtbar ernst und seltsam: Keiner kommt da drumrum; alle müssen abtreten – einfach *jeder*, wie man sagen kann. Einen Tag ist man gesund und stark« – hier krabbelte er auf die Beine und schlug eine Fensterscheibe ein, steckte einen Augenblick oder zwei seine Nase hinaus und setzte sich wieder hin, während ich mich mühsam erhob und an der gleichen Stelle meine Nase hinaushielt, und das wiederholten wir von Zeit zu Zeit – »und am nächsten ist man hingemäht wie Gras, und ihre Stätte kennen sie nicht mehr, wie's in der Bibel heißt. Ja wirklich, es ist furchtbar ernst und seltsam; aber wir müssen alle mal abtreten, früher oder später, da kommen wir nicht drumrum.«

Eine weitere lange Pause folgte, dann: »Woran ist er gestorben?«

Ich sagte, ich wisse es nicht.

»Wie lange ist er tot?«

Es schien mir ratsam, den Tatbestand zu erweitern, um ihn der Wahrscheinlichkeit anzupassen; deshalb sagte ich: »Zwei oder drei Tage.«

Aber es half nichts, denn Thompson quittierte es mit einem verletzten Blick, der ganz klar sagte: ›Zwei oder drei *Jahre*, meinen Sie.‹ Dann fuhr er sogleich fort, seelenruhig meine Angabe übergehend, und legte in behaglicher Breite seine Meinung über die Unklugheit dar, die Beerdigung zu lange aufzuschieben. Danach schlenderte er zu der Kiste, blieb einen Moment stehen, kam dann in scharfem Trabe zurück und suchte das eingeschlagene Fenster auf, wobei er äußerte: »Es wär verdammt noch mal besser gewesen, rundum, wenn man ihn im vergangenen Sommer in Bewegung gesetzt hätte.«

Thompson setzte sich hin, vergrub das Gesicht in seinem rotseidenen Taschentuch und begann, den Körper langsam hin und her zu wiegen und zu schaukeln, wie einer, der sich die größte Mühe gibt, das Unerträgliche zu ertragen. Zu diesem Zeitpunkt war der Duft – wenn man ihn Duft nennen kann – beinahe zum Ersticken, so nahe daran, wie es nur geht. Thompson wurde grau im Gesicht; daß das meinige keine Farbe mehr hatte, wußte ich. Später stützte er den linken Ellenbogen auf das Knie und ließ die Stirn auf der Hand ruhen, mit der anderen Hand schwenkte er leicht das rote Taschentuch in Richtung der Kiste und sagte: »Ich hab schon so manchen von denen befördert – einige davon waren auch beträchtlich über die Zeit, aber, guter Gott, der hier sticht sie alle aus! – und das mit Leichtigkeit. Käpten, die anderen waren Sonnenblumen dagegen!«

Diese Anerkennung für meinen armen Freund freute mich trotz der traurigen Umstände, denn sie klang so sehr nach einem Kompliment.

Ziemlich bald wurde mir klar, daß irgend etwas getan werden mußte. Ich schlug Zigarren vor. Thompson hielt das für einen guten Einfall. Er sagte: »Wahrscheinlich wird ihn das 'n bißchen mildern.«

Lebhaft pafften wir eine Weile drauflos und versuchten fleißig, uns einzubilden, daß es nun besser wäre. Das hatte jedoch gar keinen Sinn. Sehr bald und ohne uns verständigt zu haben, ließen wir zu gleicher Zeit die Zigarren still aus den kraftlosen Fingern fallen. Thompson sagte seufzend: »Nein, Käpten, das mildert ihn nicht für 'nen Sechser. Es macht ihn in Wirklichkeit noch schlimmer, weil's anscheinend seinen Ehrgeiz anstachelt. *Was*, meinen Sie, solln wir da nur machen?«

Ich war nicht in der Lage, irgend etwas vorzuschlagen; ich mußte nämlich die ganze Zeit schlucken und schlucken und traute mich nicht zu sprechen. Thompson begann, unzusammenhängend und niedergeschlagen über die traurigen Erfahrungen dieser Nacht zu faseln, und er gab nunmehr meinem armen Freund verschiedene Titel – manchmal militärische, manchmal zivile; und ich bemerkte, daß in dem Maße, wie die Wirksamkeit meines Freundes zunahm, Thompson ihn beförderte – ihm einen höheren Titel verlieh.

Schließlich sagte er: »Ich hab 'ne Idee. Angenommen, wir packen mal kräftig an und geben dem Colonel 'nen kleinen Schubs ans andere Ende des Wagens? – ungefähr zehn Fuß, sagen wir. Da hätte er nicht so großen Einfluß, meinen Sie nicht?«

Ich sagte, das sei ein guter Plan. So holten wir am eingeschlagenen Fenster noch einmal tief frische Luft, die wir anhalten wollten, bis wir fertig wären; dann gingen wir hin, beugten uns über den mörderischen Käse und faßten die Kiste an. Thompson nickte: »Fertig!«, und dann warfen wir uns mit aller Kraft vorwärts; doch Thompson rutschte aus, plumpste mit der Nase auf den Käse und sein Atem platzte hervor. Er würgte und schnaufte, taumelte hoch und stürzte zur Tür, indem er in der Luft herumfuchtelte und krächzte: »Halten Sie mich nicht auf! Aus dem Weg! Ich sterbe; aus dem Weg!«

Draußen auf der kalten Plattform setzte ich mich hin und hielt eine Weile seinen Kopf; er kam wieder zu sich. Dann sagte er: »Meinen Sie, wir haben den General 'n bißchen angerückt?«

Ich sagte, nein, wir hätten ihn nicht von der Stelle gebracht.

»Nun denn, *die* Idee ist im Eimer. Wir müssen uns was anderes überlegen. Ihm gefällt's dort, wo er ist, glaube ich; und wenn er *so* über die Angelegenheit denkt und zu der Ansicht gelangt ist, daß er nicht gestört werden will, dann, wette ich, setzt er auch seinen Kopf in dem Punkte durch. Ja, lassen wir ihn besser dort, wo er ist, solange er Lust hat; denn er hat alle Trümpfe in der Hand, und deshalb versteht's sich von selbst, daß derjenige, der's darauf anlegt, die Pläne für ihn zu ändern, Schiffbruch leidet.«

Doch in dem wütenden Sturm konnten wir nicht bleiben; wir wären erfroren. So gingen wir wieder hinein und schlossen die Tür, begannen erneut, Qualen auszustehen und uns an dem Loch im Fenster abzuwechseln.

Als wir später aus einem Bahnhof abfuhren, wo wir einen kurzen Augenblick gehalten hatten, kam Thompson munter in den Wagen gesprungen und rief aus: »Jetzt ist alles in Ordnung für uns! Ich glaube, diesmal kriegen wir den Kommodore. Ich nehme an, ich habe jetzt das richtige Zeug, das ihm den Wind aus den Segeln nimmt.«

Es war Karbol. Er hatte einen Korbballon davon. Er sprengte Karbol ringsherum, überall; er tränkte wirklich alles damit, Gewehrkiste, Käse und alles. Dann setzten wir uns hin und waren durchaus zuversichtlich. Aber das hielt nicht lange an. Die beiden Wohlgerüche vermischten sich, wissen Sie, und dann – na, ziemlich bald stürzten wir zur Tür; draußen wischte sich Thompson mit dem bunten Taschentuch das Gesicht und sagte, wie entmutigt: »Es hat keinen Zweck. Gegen *den* kommen wir nicht an. Er macht sich alles zunutze, was wir auffahren, um ihn zu mildern, gibt ihm sein eigenes Aroma und richtet es umgekehrt gegen uns. Na, Käpten, merken Sie nicht, 's ist jetzt hundertmal schlechter hier drin als vorher, wie wir losfuhren. Ich *habe* aber noch keinen von ihnen erlebt, der sich für seine Arbeit so erwärmt und so verdammt viel Interesse gezeigt hätte. Nein, Sir, noch nie, solange ich hier fahre; und ich habe schon viele von ihnen befördert, wie ich Ihnen sagte.«

Als wir ziemlich steif vor Kälte waren, gingen wir wieder hinein; doch, meine Güte, jetzt konnten wir nicht mehr drin bleiben. So tanzten wir einfach vor und zurück, abwechselnd einfrierend und auftauend – und erstickend.

Nach ungefähr einer Stunde hielten wir auf einer anderen Station, und als wir sie verließen, kam Thompson mit einer Tasche herein und sagte: »Käpten, ich werde es noch mal mit ihm versuchen – nur noch dieses eine Mal; und wenn wir ihn diesmal nicht kriegen, dann bleibt uns nichts übrig, als das Handtuch zu werfen und den Ring zu verlassen. So betrachte *ich* die Sache.«

Er hatte eine Menge Hühnerfedern mitgebracht und getrocknete Äpfel und Tabakblätter und Lumpen und alte Stiefel und Schwefel und Teufelsdreck und noch das eine oder das andere; und er schichtete alles auf ein Eisenblech in der Mitte des Wagens und zündete es an.

Als es richtig losging, konnte ich selbst nicht begreifen, wie sogar die Leiche das aushielt. Alles Voraufgegangene war einfach ein Gedicht gegen diesen Geruch – aber geben Sie acht: Der ursprüngliche Geruch hob sich von diesem so erhaben ab wie nur je; Tatsache ist, diese anderen Gerüche schienen ihm nur noch mehr Macht zu verleihen; und meine Güte, wie kräftig er war! Diese Überlegungen stellte ich dort nicht an – dazu war keine Zeit –, stellte sie auf der Plattform an. Und als Thompson zur Plattform springen wollte, wurde er benommen und fiel um; bevor ich ihn herausgezogen hatte, wobei ich ihn am Kragen packte, war ich selbst ziemlich nahe am Abkratzen.

Als wir wieder zu Bewußtsein kamen, sagte Thompson deprimiert: »Wir müssen hier draußen bleiben, Käpten. Wir müssen. Es gibt keinen anderen Weg. Der Gouverneur will allein reisen, und er hat's Zeug dazu, uns zu überstimmen.«

Und sogleich fügte er hinzu: »Und wissen Sie nicht, wir sind *vergiftet*. Es ist *unsere* letzte Fahrt, damit müssen Sie sich abfinden. Typhus ist es, was man davon bekommt. Ich fühle, wie es bei mir eben jetzt schon losgeht. Ja, Sir, wir sind auserwählt, so sicher Sie geboren sind.«

Auf der nächsten Station wurden wir eine Stunde später von der Plattform geholt, erstarrt und bewußtlos, und ich fiel sofort in ein bösartiges Fieber und war drei Wochen lang ohne jegliche Besinnung. Dann fand ich heraus, daß ich jene entsetzliche Nacht mit einer harmlosen Kiste Gewehre und einem unschuldigen Berg Käse verbracht hatte; aber diese Neuigkeit kam zu spät, um mich zu retten; die Phantasie hatte das Ihre getan, und meine Gesundheit war für immer zerrüttet; weder Bermuda noch irgendein anderes Land kann sie mir je wieder zurückgeben. Dies ist meine letzte Reise; ich bin auf dem Wege nach Hause, um zu sterben.

DIE ERMORDUNG JULIUS CÄSARS
IN DER LOKALPRESSE

Der einzig wahre und verläßliche Bericht, der je veröffentlicht wurde, entnommen dem »Täglichen Liktorenbündel am Abend« vom Tage der ungeheuerlichen Begebenheit.

Nichts auf der Welt erfüllt einen Zeitungsreporter mit größerer Genugtuung, als die Einzelheiten eines blutigen und geheimnisvollen Mordes zusammenzutragen und sie mit breiter, den Fall erschwerender Umständlichkeit darzustellen. Ein köstliches Vergnügen bereitet ihm diese Lieblingsbeschäftigung – denn das ist es ihm, besonders, wenn er weiß, daß alle anderen Zeitungen schon im Druck sind und seine die einzige ist, welche die grausige Neuigkeit bringen wird. Oft schon habe ich bedauert, daß ich nicht in Rom Reporter war, als Cäsar ermordet wurde – Reporter für eine Abendzeitung, die einzige in der Stadt, so daß ich wenigstens zwölf Stunden vor den Morgenblättern mit diesem prächtigsten aller »Knüller« herausgekommen wäre, der je unserem Handwerk zufiel. Andere Dinge haben sich ereignet, die genauso aufregend waren, aber nichts besaß so auffällig all die charakteristischen Merkmale des heutigen »Knüllers«, ins Großartige und Erhabene gesteigert durch den hohen Rang, den Ruhm und die soziale und politische Stellung der Beteiligten.

Doch da mir nicht vergönnt war, über Cäsars Ermordung in der üblichen Weise zu berichten, ist es mir wenigstens eine seltene Genugtuung, die folgende gelungene Darstellung im römischen »Täglichen Liktorenbündel am Abend« von jenem Tag (Zweite Ausgabe) aus dem Lateinischen zu übersetzen.

Unsere sonst so ruhige Stadt Rom wurde gestern durch den Vorfall eines jener blutigen Krawalle in den Zustand wilder Aufregung versetzt, die das Herz angreifen und die Seele mit Furcht erfüllen, während sie bei allen vernünftigen Leuten böse Ahnungen für die Zukunft einer Stadt erwecken, in der das Menschenleben so wenig gilt und den heiligsten Gesetzen so offen Trotz geboten wird. Als Folge dieses Krawalls ist es unsere schmerzliche Pflicht als öffentlich tätige Journalisten, den Tod eines unserer höchstgeschätzten Bürger zu melden – eines Mannes, dessen Name überall dort bekannt ist, wohin auch immer diese Zeitung gelangt, und dessen Ruhm zu verbreiten und nach bestem Vermögen auch vor der Zunge der Verleumdung und Falschheit zu beschützen uns ein Vergnügen und eine Ehre war. Wir meinen Mr. J. Cäsar, den erwählten Herrscher.

Die Tatsachen des Falles, soweit sie unser Reporter aus den widersprechenden Angaben von Augenzeugen ermitteln konnte, waren ungefähr folgende:

Es handelte sich natürlich um eine Wahlkeilerei. Neun Zehntel der gräßlichen Metzeleien, die der Stadt heutzutage zur Schande gereichen, entspringen den Zwistigkeiten, Eifersüchteleien und Feindseligkeiten, die von diesen verdammten Wahlen hervorgerufen werden. Rom wäre besser dran, wenn sogar seine Schutzleute gleich zum Dienst auf hundert Jahre gewählt würden; denn nach dem, was wir bisher erlebt haben, sind wir ja nicht einmal in der Lage, einen Hundefänger zu wählen, ohne es auf die Weise zu feiern, daß ein Dutzend Leute niedergeschlagen werden und die Polizeiwache über Nacht von allen Seiten mit betrunkenen Vagabunden vollgestopft wird. Man sagt, als bei den Wahlen auf dem Markt neulich die ungeheure Stimmenmehrheit für Cäsar bekanntgegeben und diesem Gentleman die Krone angeboten wurde, da konnte ihn selbst seine unbeschreibliche Selbstlosigkeit, mit der er sie dreimal ausschlug, nicht vor den geflüsterten Beleidigungen solcher Leute wie Casca vom Zehnten Bezirk und anderen Mietlingen des unterlegenen Kandidaten bewahren, die meist aus dem Elften und Dreizehnten und anderen Außenbezirken stammen und die man ironische und abfällige Bemerkungen über Cäsars Verhalten bei dieser Gelegenheit hat machen hören.

Weiter wird uns mitgeteilt, viele unter uns glaubten, sie dürften überzeugt davon sein, daß die Ermordung Julius Cäsars eine beschlossene Sache war – eine abgekartete

Geschichte, von Marcus Brutus und einem Haufen bezahlter Rowdys ausgeheckt und nur zu getreu dem Plan nach ausgeführt. Ob es für diesen Verdacht triftige Gründe gibt oder nicht, überlassen wir dem Leser, selbst zu entscheiden, und bitten ihn nur, sorgfältig und leidenschaftslos den folgenden Bericht des beklagenswerten Ereignisses zu lesen, bevor er ein Urteil fällt.

Der Senat tagte schon, und Cäsar kam, sich mit ein paar persönlichen Freunden unterhaltend, die Straße zum Kapitol herauf, gefolgt, wie üblich, von einer großen Anzahl von Bürgern. Gerade als er vor Demosthenes' und Thukydides' Ladenkneipe vorüberging, bemerkte er beiläufig zu einem Herrn, der, wie unser Gewährsmann glaubt, Wahrsager war, daß die Iden des März schon da seien. Die Antwort lautete: »Ja, da schon, aber noch nicht vorüber.«

In diesem Augenblick trat Artemidorus heran, grüßte und bat Cäsar, ein Verzeichnis oder einen Traktat oder irgend etwas Ähnliches zu lesen, das er ihm zur Durchsicht mitgebracht hatte. Mr. Decius Brutus sagte auch etwas von einem »untertänigen Gesuch«, das er von Cäsar gelesen haben wolle. Artemidorus wünschte, daß seinem zuerst Aufmerksamkeit geschenkt würde, da es für Cäsar persönlich von Bedeutung wäre. Letzterer entgegnete, was ihn selbst betreffe, solle zuletzt gelesen werden, oder Worte dieses Inhalts. Artemidorus bat und flehte ihn inständig an, das Blatt sofort zu lesen.* Cäsar schaffte sich ihn jedoch vom Halse und lehnte es überhaupt ab, auf der Straße Bittschriften zu lesen. Dann betrat er das Kapitol, und die Menge folgte ihm.

Ungefähr um diese Zeit wurde folgende Unterhaltung belauscht, und wir sind der Ansicht, daß ihr in Anbetracht der Ereignisse, die ihr folgten, eine entsetzliche Bedeutung zukommt:

Mr. Papilius Lena äußerte zu George W. Cassius (gemeinhin als der »feine Pinkel vom Dritten Bezirk« be-

---

* Merke: Von William Shakespeare, der den unglücklichen Krawall von Anfang bis Ende miterlebte, wird angedeutet, dieses »Verzeichnis« sei nichts als eine Mitteilung gewesen, die Cäsar enthüllte, daß ein Komplott geschmiedet würde, durch welches man ihm nach dem Leben trachte.

kannt), einem Schläger im Solde der Opposition, daß er
hoffe, bei seinem Unternehmen möge heute alles glatt
gehen; und als Cassius fragte: »Was für ein Unternehmen?«, drückte er nur das linke Auge einen Moment zu,
sagte mit gespielter Gleichgültigkeit: »Gehab dich wohl!«
und schlenderte auf Cäsar zu. Marcus Brutus, der im Verdacht steht, der Führer der Bande zu sein, die Cäsar umbrachte, fragte, was denn Lena gesagt habe. Cassius erzählte es ihm und fügte leise hinzu: »Ich fürchte, unser
Vorhaben ist heraus.«

Brutus hieß seinen kläglichen Komplicen, Lena im Auge
zu behalten, und kurz darauf drängte Cassius diesen dür-
ren, verhungerten Strolch Casca, dessen Ruf hier nicht gerade der beste ist, sich zu beeilen, da *er fürchte, man werde
ihm sonst zuvorkommen.* Dann wandte er sich, augen-
scheinlich sehr erregt, an Brutus, fragte, was geschehen
solle, und schwor, daß entweder Cäsar oder er *nie mehr
zurückkehren solle* – eher würde er sich das Leben nehmen.

Zu diesem Zeitpunkt sprach Cäsar mit einigen hinter-
wäldlerischen Senatsmitgliedern über die kommenden Wahlen im Herbst und gab nur wenig auf das acht, was um
ihn herum geschah. Billy Trebonius kam mit Cäsar und des
Volkes Freund – Marcus Antonius – ins Gespräch und zog
ihn unter diesem und jenem Vorwand weg, während sich
Brutus, Decius, Casca, Cinna, Metellus Cimber und andere
aus dieser Bande berüchtigter Schurken, die die Stadt
heimsuchen, um den zum Untergang verurteilten Cäsar
schlossen.

Dann kniete Metellus Cimber nieder und bat darum, daß
sein Bruder aus der Verbannung zurückgerufen würde, doch
Cäsar rügte ihn wegen seines kriecherischen Verhaltens und
weigerte sich, dem Ansuchen stattzugeben. Unmittelbar
darauf baten, auf Cimbers Verlangen, erst Brutus und dann
Cassius für die Rückkehr des verbannten Publius; doch
Cäsar weigerte sich noch immer. Er sagte, nichts könne ihn
rühren, er sei fest wie der Polarstern, und er fuhr fort, in
der schmeichelhaftesten Weise von der Festigkeit dieses
Sterns und seinem beständigen Charakter zu sprechen.
Darauf sagte er, er sei wie der Stern und er glaube, er sei

der einzige Mann im Lande, der so wäre; deshalb, weil er »standhaft« gewesen sei, Cimber zu verbannen, werde er auch »standhaft« sein, ihn in der Verbannung zu lassen, und er wolle krepieren, wenn er ihn nicht dort lasse!

Sofort benutzte Casca diesen fadenscheinigen Vorwand zum Kampf, sprang auf Cäsar zu und stieß mit einem Dolch nach ihm, worauf Cäsar ihn mit der Rechten beim Arm griff und mit der Linken einen Geraden aus der Schulter heraus abschoß, der das Reptil blutend zu Boden sandte. Dann stellte er sich mit dem Rücken gegen die Statue des Pompejus und baute sich auf, um die Angreifer kommen zu lassen. Cassius, Cimba und Cinna stürzten sich mit gezückten Dolchen auf ihn, und ersterem gelang es, ihm eine Wunde beizubringen; doch bevor er wieder zustoßen konnte und bevor einer der beiden anderen überhaupt dazu kam, streckte Cäsar die drei Schurken mit drei Schlägen seiner mächtigen Faust zu seinen Füßen nieder.

Um diese Zeit herrschte im Senat ein unbeschreiblicher Tumult; in ihrem wahnsinnigen Eifer, aus dem Gebäude zu kommen, hatte die Menge der Bürger in den Vorhallen die Ausgänge blockiert, der Sicherheitsbeamte des Senats und seine Helfer rangen mit den Mördern, ehrwürdige Senatoren hatten die hinderlichen Roben weggeworfen, sprangen über die Bänke und rasten in heillosem Durcheinander die Gänge hinunter in den Schutz der Sitzungszimmer für die Ausschüsse, und tausend Stimmen schrien »Po-li-zei! Po-li-zei!« in gellendem Gekreisch, das sich über den furchtbaren Lärm erhob wie der pfeifende Wind über das Tosen eines Sturmes.

Und inmitten all dessen stand der große Cäsar mit dem Rücken gegen die Statue wie ein von einer Meute angefallener Löwe und wehrte sich ohne Waffen gegen die Angreifer, Mann gegen Mann, in der trotzigen Art und mit dem unerschütterlichen Mut, die er schon auf so manchem blutigen Schlachtfeld gezeigt hatte. Billy Trebonius und Caius Legarius trafen ihn mit dem Dolch und fielen, wie ihre Mitverschwörer vor ihnen gefallen waren. Als Cäsar aber schließlich seinen alten Freund Brutus mit einer blutrünstigen Klinge bewaffnet vortreten sah, da, heißt es, schien er von Schmerz und höchstem Erstaunen vollkommen überwältigt, und während er die unbesiegbare Linke an seine Seite fallen ließ, verbarg er das Gesicht in den Falten seines Umhangs und empfing den verräterischen Stoß ohne einen Versuch, der Hand zu wehren, die ihn führte. Er sagte nur: »Et tu, Brute?« und fiel leblos auf das Marmorpflaster.

Wir hören, daß der Rock, den der Verstorbene bei seiner Ermordung anhatte, derselbe war, den er an jenem Nachmittag in seinem Zelt trug, an dem er die Nervier besiegte, und daß, nachdem der Rock dem Leichnam abgenommen worden war, sich herausstellte, daß er an nicht weniger als sieben verschiedenen Stellen zerschnitten und zerschlitzt war. In den Taschen befand sich nichts. Bei der amtlichen Totenschau wird er zur Besichtigung ausgestellt werden und ein erdrückendes Beweismaterial für den Tatbestand des Mordes liefern. Auf diese letzteren Einzelheiten kann man sich verlassen, da wir sie von Marcus Antonius haben, der sich in einer Stellung befindet, wo er jede Neuigkeit erfährt, die mit dem einen Thema in Verbindung steht, das heute allgemeines Interesse beansprucht.

Später. Während der Untersuchungsrichter ein Geschworenengericht einberief, erwischten Marcus Antonius und andere Freunde des verstorbenen Cäsar die Leiche und schleppten sie fort zum Forum, und nach letzten Meldungen sollen Marcus Antonius und Brutus Reden über ihr gehalten und so einen Spektakel unter den Leuten angerichtet haben, daß der Polizeichef bei Redaktionsschluß seiner Überzeugung Ausdruck verlieh, es werde einen Aufruhr geben, und er werde entsprechende Maßnahmen treffen.

MEIN BERÜHMTES »BLUTIGES MASSAKER«

Die andere Burleske, die ich meinte, war meine glänzende Satire auf den finanziellen Dreh, Dividenden zu »frisieren«, eine Methode, deren man sich an der Pazifikküste eine Weile unverschämt häufig bediente. In meiner selbstgefälligen Einfalt fühlte ich einmal wieder die Zeit gekommen, mich zu erheben und den Reformer zu spielen. Diese Satire zum Zwecke der Besserung brachte ich in die Form eines furchtbaren »Massakers bei Empire City«.

Die Zeitungen von San Francisco erhoben gerade ein großes Geschrei über die Schändlichkeit der Daney-Silbergruben-Gesellschaft, deren Direktoren eine »frisierte« oder falsche Dividende festgesetzt hatten, um den Wert ihrer Aktien zu erhöhen, so daß sie alle für einen ansehnlichen Betrag abstoßen und dann unter dem zusammenbrechenden Konzern hervorkriechen konnten. Und während diese Blätter die Daney herunterputzten, vergaßen sie nicht, die Leser aufzufordern, sie sollten sich alle Silberaktien vom Halse schaffen und ihr Geld in sicheren und soliden Aktien San Franciscos anlegen, zum Beispiel bei der Spring-Valley-Wassergesellschaft und so weiter. Aber gerade in diesem kritischen Augenblick, schau an, da frisierte die Spring-Valley gleichfalls ihre Dividende!

Und so schlich ich mich unter der heimtückischen Maske eines erfundenen »blutigen Massakers« mit meiner beißenden Satire auf das Dividendenfrisieren unvermutet an die Leser heran. In ungefähr einer halben Spalte ersonnenen Gemetzels schilderte ich, wie ein Mann seine Frau und neun Kinder umbrachte und dann Selbstmord verübte. Und unten sagte ich dann verschlagen, daß der plötzliche Koller, der dieses traurige Massaker herbeiführte, dadurch verursacht worden war, daß sich der Mann von den kalifornischen Zeitungen hatte überreden lassen, seine soliden und lukrativen Nevada-Silberaktien loszuschlagen und gerade rechtzeitig in Spring-Valley zu investieren, um zusammen mit den Dividenden dieser Gesellschaft frisiert zu werden und auch den letzten Cent, den er auf dieser Welt besaß, zu verlieren.

Oh, es war eine ganz versteckte Satire und höchst sinnreich angelegt. Aber ich hatte die schrecklichen Einzelheiten so sorgsam und gewissenhaft interessant gemacht, daß die Leser nur *sie* gierig verschlangen und gänzlich die folgenden klar ausgesprochenen Tatsachen überlasen, nämlich: Der Mörder war jedermann im ganzen Lande sehr wohl als Junggeselle bekannt und konnte demzufolge nicht seine Frau und neun Kinder umbringen; er ermordete sie »in seinem prächtigen steinernen Herrenhaus genau am Rande des großen Fichtenwaldes zwischen Empire City und Dutch Nick's«, wo sogar die gesalzenen Austern, die uns auf den Tisch kommen, wußten, daß es im ganzen Territorium Nevada kein »steinernes Herrenhaus« gab; und auch, daß es, ganz abgesehen von einem »großen Fichtenwald zwischen Empire City und Dutch Nick's« im Umkreis von fünfzehn Meilen von beiden Orten nicht einen einzigen Baum gab; und schließlich war es offenkundig und allbekannt, daß Empire City und Dutch Nick's ein und derselbe Ort waren und ohnehin nur aus sechs Häusern bestanden, und folglich konnte kein Wald *zwischen* beiden liegen; und als Gipfel all dieses Blödsinns behauptete ich, dieser grausame Mörder habe sich erst eine Wunde beigebracht, von der der Leser hätte merken müssen, daß sie einem Elefanten auf der Stelle den Garaus gemacht hätte, und sei dann aufs Pferd gesprungen und *vier* Meilen geritten, wobei er den dampfenden Skalp seiner Frau durch die Luft geschwenkt habe, und in diesem Aufzug sei er unter ungeheurem Beifall in Carson City eingeritten und vor dem größten Wirtshaus dort tot niedergefallen, beneidet und bewundert von allen Zuschauern.

Also, ich habe mein Lebtag keine solche Aufregung mitgemacht, wie sie diese kleine Satire hervorrief. Sie war Stadtgespräch, sie war das Gespräch des ganzen Territoriums. Beim Frühstück stießen die meisten Bürger allmählich auf sie, und diese Mahlzeit beendeten sie nicht mehr. In diesen ausführlichen, glaubwürdigen Einzelheiten lag etwas, das Nahrung hinreichend ersetzte. Wenige Leute, die lesen konnten, nahmen an dem Morgen etwas zu sich.

Dan und ich (Dan war mein Reporterkollege) setzten uns an unserem Stammtisch im Restaurant »Zum Adler« einander gegenüber, und als ich den Lappen ausbreitete, den sie in diesem Etablissement Serviette zu nennen pflegen, sah ich am Nachbartisch zwei ahnungslose, handfeste Burschen mit solchem pflanzlichen Lametta über ihrem ganzen Anzug, das kundtat und verriet, sie waren vom Lande mit einer Ladung Heu hereingekommen. Der mir Zugewandte hatte die Morgenzeitung zu einem langen schmalen Streifen gefaltet, und ich wußte, ohne daß man es mir zu sagen brauchte, dieser Streifen war die Spalte mit meiner vergnüglichen, finanzwirtschaftlichen Satire. An der Art, wie er aufgeregt muffelte, erkannte ich, daß der unbedachte Sohn eines Heuschobers mit aller Kraft Zeilen übersprang, um so schnell wie möglich zu den blutigen Einzelheiten zu kommen; und so übersah er die Hinweisschilder, die ich errichtet hatte, um ihn darauf aufmerksam zu machen, daß die ganze Sache Schwindel war.

Plötzlich riß er die Augen weit auf, gerade als die Kiefer auseinanderklappten, um eine Kartoffel aufzunehmen, die sich auf einer Gabel näherte. Die Kartoffel zögerte, das Gesicht leuchtete rötlich auf, und der ganze Mann brannte lichterloh vor Aufregung. Dann begann er auf einmal, die näheren Umstände zusammenhanglos durchzugehen – wobei die Kartoffel in der Luft unterdessen kalt wurde und der Mund gelegentlich nach ihr angelte, aber bei jeder neuen und noch schrecklicheren Tat meines Helden immer wieder plötzlich innehielt.

Endlich blickte er seinem verblüfften und bewegungslosen Gefährten ins Gesicht und sagte mit einem Ausdruck konzentrierter Furcht: »Jim, der hat sein Kind gekocht und seiner Alten den Skalp abgenommen. Zum Henker, wenn ich noch ein Frühstück brauche!«

Und er legte die zaudernde Kartoffel ehrerbietig hin, und er und sein Freund verließen das Restaurant mit leerem Magen, aber satt.

Er ist *nie bis dort unten angelangt*, wo der satirische

Teil begann. Keiner kam je bis dorthin. Die packenden Einzelheiten genügten ihnen. Ans untere Ende eines so prachtvollen Massakers mit einer kümmerlichen Moral zu kommen, war dasselbe, wie der untergehenden Sonne mit einer Kerze zu folgen und darauf zu hoffen, daß man von der ganzen Welt gesehen wird.

Der Gedanke, daß irgend jemand je mein Massaker für eine wahre Begebenheit halten könnte, ist mir nie gekommen, wo es doch so von all dem verräterischen Blödsinn und den Unmöglichkeiten wie dem »großen Fichtenwald«, dem »steinernen Haus« und so weiter durchsetzt war. Aber ich habe damals gelernt und es nicht mehr vergessen, daß wir nie dies langweilige erklärende Beiwerk unglaublich aufregender Geschichten *lesen*, wenn wir keinen Anlaß zu der Vermutung haben, daß uns irgendein verantwortungsloser Schreiberling hinters Licht führt; wir überspringen das alles und beeilen uns, um uns an den Einzelheiten, die das Blut zum Stocken bringen, zu ergötzen, und lassen es damit gut sein.

Nach dieser bitteren Erfahrung habe ich mir deshalb große Mühe gegeben, meinen landwirtschaftlichen Spottartikel so zu formulieren, daß ich niemanden aufs Glatteis führe; und das gelang mir teilweise, aber nicht ganz. Jedenfalls habe ich damit keinerlei Schaden angerichtet. Damit jene, die mir in letzter Zeit über Pflanzen und ähnliches geschrieben haben, erfahren, daß es eine Zeit *gab*, zu der ich ihre Fragen nach bestem Wissen beantwortet und das als meine Pflicht und Schuldigkeit erachtet hätte, verweise ich sie auf den Bericht über mein einwöchiges Erlebnis als landwirtschaftlicher Redakteur, den man weiter unten finden wird.

DER FALL GEORGE FISHER*

Dies ist die historische Wahrheit. Es ist kein phantastisches Hirngespinst wie »John Williamson Mackenzies großer Rindfleischkontrakt«, sondern eine einfache Feststellung von Tatsachen und Umständen, mit der sich während der langen Spanne eines halben Jahrhunderts der Kongreß der Vereinigten Staaten von Zeit zu Zeit befaßte.

Ich will diese Angelegenheit George Fishers nicht als großen endlosen und beharrlichen Betrug gegenüber der Regierung und dem Volk der Vereinigten Staaten bezeichnen – denn zu dem Schluß ist man nie gekommen, und ich meine, es ist ein schweres und ernstes Unrecht von einem Schriftsteller, jemanden zu bekritteln und zu beschimpfen, wenn es sich so verhält –, sondern will einfach das Material vorlegen und es dem Leser überlassen, sich ein eigenes Urteil zu bilden. So tun wir niemandem unrecht und behalten ein reines Gewissen.

Am oder um den 18. September 1813, als in Florida der Creek-Krieg im Gange war, wurden die Ernte, Herden und Häuser des Mr. George Fisher, eines Bürgers, vernichtet, entweder von den Indianern oder von den Truppen der Vereinigten Staaten bei der Verfolgung der Indianer. Wenn die *Indianer* den Besitz zerstörten, gab es nach den Bestimmungen des Gesetzes für Fisher keinen Ersatz; wenn ihn aber die *Truppen* zerstörten, dann stand die Regierung der Vereinigten Staaten mit dem Betrag, um den es sich handelte, in Fishers Schuld.

George Fisher muß der Ansicht gewesen sein, daß die *Indianer* seinen Besitz zerstörten, denn obgleich er noch

---

* Als dieser Bericht vor einigen Jahren zum ersten Male erschien, wurde er nur von wenigen geglaubt, aber sonst für ein bloßes Hirngespinst gehalten. Heutzutage kann man sich nur schwer vorstellen, daß es je eine Zeit gab, zu der das Bestehlen unserer Regierung etwas Neues war. Derselbe Mann, der mir zeigte, wo ich die Unterlagen dieses Falles finden könnte, gab damals gerade in Washington Hunderttausende von Dollar aus, in dem Bemühen, eine Subvention für eine Dampfschiffspostgesellschaft zu erlangen – eine Tatsache, die lange Zeit im verborgenen blieb, schließlich aber durchsickerte und vom Kongreß untersucht wurde.

mehrere Jahre lebte, hat er offenbar nie einen Anspruch an die Regierung gestellt.

Im Laufe der Zeit starb Fisher, und die Witwe heiratete wieder. Und nach und nach, fast zwanzig Jahre nach dem dunkel in Erinnerung gebliebenen Angriff auf Fishers Kornfelder, ersuchte *der neue Ehemann der Witwe Fishers* den Kongreß um eine Bezahlung für den Besitz und unterstützte das Gesuch mit vielen eidesstattlichen Erklärungen und Aussagen, die beweisen sollten, daß die Truppen, und nicht die Indianer, den Besitz zerstört hatten; daß die Truppen, aus irgendeinem unerfindlichen Grunde, vorsätzlich »Häuser« (oder Hütten) im Werte von 600 Dollar niedergebrannt hätten, die einer friedlichen Privatperson gehörten, und daß sie auch verschiedene andere Habe vernichteten, die demselben Bürger gehörte. Aber der Kongreß wollte nicht glauben, daß die Soldaten solche Idioten gewesen wären (nachdem sie eine Bande Indianer ertappt und zerstreut hatten, die erwiesenermaßen dabei angetroffen wurde, wie sie Fishers Besitz zerstörte) und das Werk der Zerstörung selbst fortgesetzt und ganze Arbeit geleistet hätten, wo die Indianer nur den Anfang gemacht hatten. So lehnte der Kongreß im Jahre 1832 das Gesuch der Erben George Fishers ab und zahlte ihnen nicht einen Cent.

1. Amtlicherseits hören wir von ihnen nichts mehr bis 1848, sechzehn Jahre nach ihrem ersten Angriff auf das Finanzministerium und eine Generation nach dem Tode des Mannes, dessen Felder verwüstet wurden. Die neue Generation Fisherscher Erben trat dann auf und klagte auf Schadenersatz. Der zweite Rechnungsprüfer des Finanzministeriums erkannte ihnen 8873 Dollar zu, was der Hälfte des Schadens entsprach, den Fisher erlitt. Der Rechnungsprüfer sagte, aus dem Beweismaterial gehe hervor, daß wenigstens die Hälfte der Zerstörung von den Indianern besorgt wurde, »bevor die Truppen die Verfolgung aufnahmen«, und natürlich sei die Regierung für diese Hälfte nicht verantwortlich.

2. Das war im April 1848. Im Dezember 1848 meldeten sich die Erben des verstorbenen George Fisher und forderten eine Revision ihres Schadenersatzanspruchs. Die Revi-

sion wurde vorgenommen, ergab aber nichts Neues zu ihren Gunsten außer einem Fehler von 100 Dollar in der früheren Rechnung. Um jedoch der Familie Fisher nicht den Mut zu nehmen, entschloß sich der Rechnungsprüfer weiter zurückzugehen und ihnen vom Datum ihres ersten Gesuchs (1832) bis zu dem Tage, an dem der Schadenersatzforderung stattgegeben wurde, *Zinsen* zu gewähren. Darauf zogen die Fishers frohen Herzens nach Hause ab, mit den Zinsen von sechzehn Jahren für 8873 Dollar – die sich auf 8997,94 Dollar beliefen. Macht zusammen 17 870,94 Dollar.

3. Ein ganzes Jahr lang blieb die schwergeprüfte Familie Fisher ruhig – sogar halb und halb zufrieden. Dann fiel sie mit ihrem Schaden erneut über die Regierung her. Generalstaatsanwalt Toucey, dieser alte Patriot, wühlte sich durch die muffigen Schriftstücke der Fishers und entdeckte noch eine Chance für die verlassenen Waisen: Zinsen der ursprünglich zuerkannten Vergütung von 8873 Dollar für die Zeit von der Zerstörung des Besitzes (1813) bis 1832! Ergebnis: 10 004,89 Dollar für die bedürftigen Fishers. Also haben wir nun: erstens 8873 Dollar Schadenersatz; zweitens Zinsen darauf von 1832 bis 1848, 8997,94 Dollar; drittens Zinsen darauf rückwirkend ab 1813, 10 004,89 Dollar. Macht zusammen 27 875,83 Dollar! Was für eine bessere Kapitalsanlage könnte es für einen Urenkel geben, als daß man sechzig oder siebzig Jahre vor seiner Geburt die Indianer dazu bewegt, ein Getreidefeld zu verbrennen, und dann plausibel macht, es seien übergeschnappte Truppen der Vereinigten Staaten gewesen?

4. So seltsam es klingen mag, die Fishers ließen den Kongreß fünf Jahre lang in Ruhe – oder, was wahrscheinlicher ist, es gelang ihnen für die Dauer dieser Zeit nicht, sich beim Kongreß Gehör zu verschaffen. Doch im Jahre 1854 wurden sie endlich angehört. Sie überredeten den Kongreß, einen Beschluß zu fassen, wonach der Rechnungsprüfer ihren Fall noch einmal untersuchen sollte. Aber diesmal hatten sie Pech und stolperten über einen ehrlichen Finanzminister (Mr. James Guthrie), und der verdarb alles. Unverblümt sagte er, daß den Fishers nicht nur kein Cent

zustünde, sondern daß man diesen vom Gram gezeichneten Sorgenkindern *schon zuviel gezahlt habe.*

5. Es folgte deshalb eine neue Ruhepause – eine Pause, die vier Jahre währte, das heißt bis 1858. Der »rechte Mann am rechten Ort« war dann der Kriegsminister – John B. Floyd, von besonderem Renommee! Das war eine geistige Leuchte; es war genau der Mann, der den leidtragenden Erben des verstorbenen und vergessenen Fisher beistehen konnte. Sie kamen plötzlich von Florida herauf – eine große Sturmwelle von Fishers, beladen mit denselben muffigen, alten Schriftstücken über dieselben unsterblichen Kornfelder ihres Ahnen. Auf der Stelle wurde für sie ein Beschluß gefaßt, der die Angelegenheit Fisher vom schwerfälligen Rechnungsprüfer auf den gescheiten Floyd übertrug.

Was machte Floyd? Er sagte: »*Es ist erwiesen,* daß die Indianer alles zerstörten, was sie nur konnten, bevor die Truppen die Verfolgung aufnahmen.« Er war deshalb der Meinung, daß zu dem, was sie zerstörten, gehört haben müssen »die Häuser mit der ganzen Einrichtung und der Schnaps« (der unerhebliche Teil der Zerstörung, alles in allem mit nur 3200 Dollar angesetzt), und daß die Regierungstruppen sie dann vertrieben und ruhig fortgefahren hätten zu zerstören:

Zweihundertzwanzig Acre stehenden Mais, fünfunddreißig Acre Weizen, neunhundertsechsundachtzig Stück Vieh! (Was für eine extra gescheite Armee hatten wir in jenen Tagen, nach Mr. Floyd – allerdings nicht nach Meinung des Kongresses von 1832.)

Also entschied Mr. Floyd, daß die Regierung für den Plunder im Werte von 3200 Dollar, den die Indianer zerstörten, nicht verantwortlich sei, wohl aber für den von den Truppen zerstörten Besitz – zu dem folgendes gehörte (ich zitiere die gedruckte Urkunde des Senats der Vereinigten Staaten):

Mais aus Bassett's Creek	3000 Dollar
Großvieh	5000 "
Zuchtschweine	1050 "

Schweineherde	1204	„
Weizen	350	„
Häute	4000	„
Mais am Alabama River	3500	„
Summa	18104	Dollar

Diese Summe bezeichnete Mr. Floyd in seinem Bericht als den »*vollen Wert* des von den Truppen zerstörten Besitzes«. Diesen Betrag gewährte er den verhungernden *Fishers zuzüglich der Zinsen ab 1813*. Von der neuen Gesamtsumme wurden die Beträge abgezogen, welche den Fishers schon ausgezahlt worden waren, und dann wurde ihnen der freundliche Rest (eine Kleinigkeit fehlte an vierzigtausend Dollar) ausgehändigt, und wieder zogen sie sich im Zustand vorübergehender Beruhigung nach Florida zurück. Die Farm ihres Ahnen hatte jetzt insgesamt nahezu siebenundsechzigtausend Dollar in bar für sie abgeworfen.

6. Glaubt der Leser etwa, damit wäre es abgetan? Glaubt er, diese schüchternen Fishers wären zufrieden? Lassen wir die Beweise sprechen. Gerade zwei Jahre verhielten sich die Fishers ruhig. Dann kamen sie mit denselben alten Schriftstücken aus den fruchtbaren Sümpfen Floridas hervorgekrochen und belagerten wiederum den Kongreß. Am 1. Juni 1860 kapitulierte der Kongreß und wies Mr. Floyd an, die Schriftstücke noch einmal gründlich zu prüfen und die Rechnung zu begleichen. Ein Buchhalter des Finanzministeriums erhielt den Auftrag, jene Schriftstücke durchzugehen und Mr. Floyd zu berichten, welcher Betrag den abgemagerten Fishers noch zustünde. Dieser Buchhalter (ich kann ihn beschaffen, wenn er verlangt wird) entdeckte, daß in den Papieren offenbar kürzlich eine schamlose Fälschung vorgenommen worden war, indem die Aussage eines Zeugen über den Maispreis vom Jahre 1813 in Florida auf den doppelten Betrag geändert wurde, den der Zeuge ursprünglich als Preis angegeben hatte! Der Buchhalter machte nicht nur seinen Vorgesetzten darauf aufmerksam, sondern wies auch schriftlich ausdrücklich darauf hin, als er seinen Bericht zu dem Fall verfaßte. Dieser Teil des Berichts *ist nie vor den Kongreß gelangt*, und der Kongreß

hat auch nie einen Hinweis erhalten, daß es in den Belegen der Fishers eine Fälschung gibt.

Jedenfalls bemerkte Mr. Floyd in seiner neuen Stellungnahme auf der Grundlage der verdoppelten Preise (und gänzlich die Versicherung des Buchhalters ignorierend, daß die Zahlen offenkundig und unzweifelhaft vor nicht langer Zeit gefälscht worden waren), daß »das Beweismaterial, *besonders hinsichtlich der Maisernte, eine viel höhere Entschädigung fordert,* als *alle bisher* vom Rechnungsprüfer oder von mir gewährten«. So schätzt er den Ertrag auf *sechzig Bushel* pro Acre (das Doppelte von dem, was die Felder in Florida hervorbringen) und bewilligt dann musterhaft eine Vergütung für nur die Hälfte des Ertrages, erstattet aber *zweieinhalb Dollar* pro Bushel für diese Hälfte, wo es in der Kongreßbibliothek verstaubte alte Bücher und Dokumente gibt, aus denen genau das hervorgeht, was aus der Zeugenaussage vor der Fälschung hervorging, nämlich, daß Mais im Herbst 1813 nur zwischen 1,25 und 1,50 Dollar pro Bushel kostete.

Was macht Mr. Floyd als nächstes, nachdem er das fertiggebracht hat? Mr. Floyd setzt sich hin (»mit dem ernsthaften Wunsch, den Willen des Gesetzes getreu auszuführen«, wie er feierlich erklärt) und fertigt eine völlig neue Aufstellung des Fisherschen Schadens an, und in dieser neuen Aufstellung läßt er die Indianer getrost ganz und gar weg – legt ihnen kein Bröckchen der Zerstörung des Fisherschen Besitzes zur Last, sondern bereut sogar, daß er sie beschuldigte, die Hütten verbrannt, den Whisky getrunken und das Tongeschirr zerschlagen zu haben, und schiebt den ganzen Schaden bis auf den allerletzten Scherben den geistesschwachen Truppen der Vereinigten Staaten in die Schuhe! Und nicht nur das! Er benutzt die Fälschung dazu, den Verlust am »Bassett's Creek« zu verdoppeln, und benutzt sie noch einmal, um den Verlust an Mais am »Alabama River« doch tatsächlich zu verdreifachen. Diese neue, geschickt ausgedachte und aufgestellte Rechnung Mr. Floyds zählt folgende Posten zusammen (ich schreibe wieder von der gedruckten Urkunde des Senats der Vereinigten Staaten ab):

Die Vereinigten Staaten
schulden den gesetzlichen Vertretern
des verstorbenen George Fisher

Für

1813

550 Stück Großvieh zu 10 Dollar	5 500,—	Dollar
86 Stück Schweine	1 204,—	"
350 Stück Zuchtschweine	1 750,—	"
100 Acre Mais am Bassett's Creek	6 000,—	"
8 Faß Whisky	350,—	"
2 Faß Brandy	280,—	"
1 Faß Rum	70,—	"
Kurzwaren und Handelswaren auf Lager	1 100,—	"
35 Acre Weizen	350,—	"
2000 Häute	4 000,—	"
Pelze und Hüte auf Lager	600,—	"
Töpferware auf Lager	100,—	"
Schmiede- und Zimmermannswerkzeug	250,—	"
Häuser niedergebrannt und zerstört	600,—	"
4 Dutzend Flaschen Wein	48,—	"

1814

120 Acre Mais am Alabama River	9 500,—	"
Erträge an Erbsen, Viehfutter usw.	3 250,—	"
Summa	34 952,—	Dollar
Zinsen auf 22 202 Dollar von Juli 1813 bis November 1860, 47 Jahre und 4 Monate	63 053,68	"
Zinsen auf 12 750 Dollar von September 1814 bis November 1860, 46 Jahre und 2 Monate	35 317,50	"
Summa	133 323,18	Dollar

Diesmal nimmt er alles auf. Er gesteht nicht einmal zu, daß die Indianer das Tongeschirr zerschlugen oder die vier Dutzend Flaschen (Johannisbeer-)Wein tranken. Was ein übernatürliches Fassungsvermögen beim Verschlingen betrifft, sucht John B. Floyd in seiner Generation wie in jeder anderen seinesgleichen. Nachdem er von obiger Gesamtsumme die 67 000 Dollar abgezogen hatte, die den unversöhnlichen Erben George Fishers schon erstattet waren, kündigte Mr. Floyd an, daß die Regierung ihnen immer noch die Summe von *sechsundsechzigtausendfünfhundertundneunzehn* Dollar *und fünfundachtzig* Cent schulde, »die«, bemerkt Mr. Floyd selbstgefällig, »folglich dem Nachlaßverwalter des Besitzes des verstorbenen George Fisher oder dessen Bevollmächtigten ausgezahlt werden«.

Traurig genug für die notleidenden Waisen, wurde jedoch gerade zu dieser Zeit ein neuer Präsident gewählt; Buchanan und Floyd gingen, und die Erben kamen nie zu ihrem Geld. Das erste, was der Kongreß im Jahre 1861 machte, war, den Beschluß vom 1. Juni 1860 aufzuheben, demgemäß Mr. Floyd alles ausgerechnet hatte. Dann mußte Floyd (und zweifellos auch die Erben George Fishers) die Finanzgeschäfte eine Weile aufgeben, der Armee der Konföderierten beitreten und seinem Vaterlande dienen.

Sind die Erben George Fishers gefallen? Nein. Jetzt, zu dieser Zeit (Juli 1870) sind sie wieder da und flehen durch den so leicht errötenden und zaghaften Garrett Davis den Kongreß an, die Zahlungen auf ihre immerwährende und unersättliche Schadenersatzforderung für Mais und Whisky wiederaufzunehmen, die vor so langer Zeit von einer Bande unzurechnungsfähiger Indianer vernichtet wurden, daß es nicht einmal der Regierungsbürokratie gelungen ist, dem konsequent und besonnen auf der Spur zu bleiben.

Also, das Obige sind Tatsachen. Sie sind Geschichte. Jeder, der daran zweifelt, kann beim Senatsarchiv die Dokumente H. R. Ex. Dok. Nr. 21, 36. Kongreß 2. Sitzungsperiode und S. Ex. Dok. Nr. 106, 41. Kongreß 2. Sitzungsperiode anfordern und sich selbst überzeugen. Im ersten Band der Berichte des Schadenersatzgerichts ist der ganze Fall niedergelegt.

Es ist meine Überzeugung, daß die Erben des verstorbenen George Fisher, solange der amerikanische Kontinent zusammenhält, von den Sümpfen Floridas Pilgerfahrten nach Washington unternehmen werden, um noch ein kleines bißchen mehr Bargeld auf ihre Schadenersatzklage zu erflehen (als sie den letzten der 67 000 Dollar erhalten hatten, sagten sie sogar, das sei nur ein *Viertel* von dem, was ihnen die Regierung für das fruchtbare Maisfeld schulde), und solange es ihnen gefällt herzukommen, werden sie solche Garrett Davises finden, die ihre vampirischen Intrigen vor den Kongreß zerren. Das ist nicht der einzige Erbschwindel (wenn es nicht ein Betrug ist – was noch nicht erwiesen ist, wie ich schon mehrmals betont habe), der von Generation zu Generation, von Vätern und Söhnen seelenruhig weitergereicht wird durch das geplagte Finanzministerium der Vereinigten Staaten.

DER TATBESTAND IN SACHEN DES GROSSEN RINDFLEISCHKONTRAKTS

Mit möglichst wenigen Worten möchte ich hier der Nation darlegen, welchen Anteil, und war er auch noch so gering, ich an dieser Sache gehabt habe – einer Sache, welche die öffentliche Meinung so sehr beschäftigte, so viel böses Blut machte und die Zeitungen beider Welten so mit Entstellungen und Übertreibungen erfüllte.

Der Ursprung dieser leidigen Angelegenheit war folgender – und ich versichere, daß jede Angabe des nachstehenden Resümees anhand der amtlichen Unterlagen der Regierung in jeder Hinsicht bewiesen werden kann:

John Wilson Mackenzie aus Rotterdam, Kreis Chemung, New Jersey, nunmehr verstorben, schloß am oder um den 10. Oktober 1861 mit der Regierung einen Kontrakt, General Sherman insgesamt dreißig Faß Rindfleisch zu liefern.

Nun gut.

Er machte sich mit dem Rindfleisch zu Sherman auf, doch als er in Washington anlangte, hatte sich Sherman schon nach Manassas begeben; er nahm deshalb sein Rindfleisch und folgte ihm dorthin, traf allerdings zu spät ein; er folgte ihm weiter nach Nashville und von Nashville nach Chattanooga und von Chattanooga nach Atlanta – aber er konnte ihn nicht einholen. Von Atlanta machte er sich erneut auf die Beine und folgte ihm auf seinem ganzen Marsch zum Meer. Wieder kam er wenige Tage zu spät. Da er jedoch hörte, daß Sherman die Reise der »Quaker City« nach dem Heiligen Lande mitmachen wollte, schiffte er sich nach Beirut ein, da er darauf rechnete, das andere Schiff zu überholen. Als er mit dem Rindfleisch in Jerusalem ankam, erfuhr er, daß Sherman nicht mit der »Quaker City« abgesegelt, sondern in die Ebenen gezogen war, um gegen die Indianer zu kämpfen.

Er kehrte nach Amerika zurück und brach nach den Rocky Mountains auf. Nach achtundsechzig Tagen beschwerlicher Reise durch die Ebenen und als er bis auf vier Meilen an Shermans Hauptquartier herangekommen war, wurde er mit dem Tomahawk erschlagen und skalpiert, und das Rindfleisch bekamen die Indianer. Sie bekamen alles bis auf ein Faß. Das wurde von Shermans Armee erbeutet, und so erfüllte der kühne Pilger noch im Tode teilweise den Kontrakt. Im Testament, das er wie ein Tagebuch geführt hatte, vermachte er den Kontrakt seinem Sohne Bartholomew W. Mackenzie.

Bartholomew W. stellte folgende Rechnung auf, um dann zu sterben:

Die Vereinigten Staaten
schulden dem verstorbenen John Wilson Mackenzie
aus New Jersey:

Für dreißig Faß Rindfleisch für	
General Sherman à 100 Dollar	3 000 Dollar
Für Reise- und Transportkosten	14 000 „
Summa	17 000 Dollar

Betrag erhalten

Er starb dann, aber er hinterließ den Kontrakt William J. Martin, der das Geld beizutreiben versuchte, jedoch starb, ehe er durchkam. Er hinterließ ihn Barker J. Allen, und dieser wollte das Geld ebenfalls kassieren. Er erlebte es nicht mehr. Den Kontrakt hinterließ er Anson G. Rogers, der den Versuch unternahm, die Rechnung begleichen zu lassen, und sogar bis zum Büro des Neunten Rechnungsprüfers vorstieß, als der Tod, der große Gleichmacher, ganz unaufgefordert erschien und auch ihn von der Einlösung ausschloß. Er hinterließ die Rechnung einem seiner Verwandten aus Connecticut, Vengeance Hopkins mit Namen, der vier Wochen und zwei Tage durchhielt und in dieser kurzen Zeit am weitesten gelangte, nämlich bis in den Bereich des Zwölften Rechnungsprüfers. In seinem Testament vererbte er den Kontrakt einem Onkel namens Ofreudich Johnson. Das war zu aufreibend für Ofreudich. Seine letzten Worte waren: »Weint nicht um mich – ich scheide gern.« Und das stimmte, arme Seele. Darauf erbten nacheinander sieben Leute den Kontrakt, aber sie alle starben. So gelangte er schließlich in meine Hände. Er fiel mir durch einen Verwandten namens Hubbard zu, Bethlehem Hubbard aus Indiana. Eine lange Zeit hatte er einen Groll auf mich gehabt, aber in seiner letzten Stunde rief er mich zu sich, verzieh mir alles und gab mir weinend den Rindfleischkontrakt.

Damit endet dessen Geschichte bis zu der Zeit, da ich den Besitz antrat. Ich will nun versuchen, mich vor der Nation in jeder Beziehung zu rechtfertigen, was meinen Anteil an der Sache betrifft.

Ich brachte diesen Rindfleischkontrakt und die Rechnung für Reise- und Transportkosten zum Präsidenten der Vereinigten Staaten. Er sagte: »Nun, Sir, was kann ich für Sie tun?«

Ich sprach: »Eure Majestät! Am oder um den 10. Oktober 1861 schloß John Wilson Mackenzie aus Rotterdam, Kreis Chemung, New Jersey, nunmehr verstorben, mit der Regierung einen Kontrakt, General Sherman ingesamt dreißig Faß Rindfleisch zu liefern...«

Hier fiel er mir ins Wort und entließ mich – freundlich, aber bestimmt.

Am nächsten Tage sprach ich beim Außenminister vor. Er sagte: »Nun, Sir?«

Ich sprach: »Eure Königliche Hoheit! Am oder um den 10. Oktober 1861 schloß John Wilson Mackenzie aus Rotterdam, Kreis Chemung, New Jersey, nunmehr verstorben, mit der Regierung einen Kontrakt, General Sherman insgesamt dreißig Faß Rindfleisch zu liefern...«

»Das reicht, Sir, das reicht; mein Ministerium hat mit Rindfleischkontrakten nichts zu tun.«

Ich wurde hinauskomplimentiert. Ich ließ mir die Sache gründlich durch den Kopf gehen und suchte schließlich am folgenden Tag den Marineminister auf, der zu mir sagte:

»Machen Sie schnell, Sir, halten Sie mich nicht lange auf.«

Ich sprach: »Königliche Hoheit! Am oder um den 10. Oktober 1861 schloß John Wilson Mackenzie aus Rotterdam, Kreis Chemung, New Jersey, nunmehr verstorben, mit der Regierung einen Kontrakt, General Sherman insgesamt dreißig Faß Rindfleisch zu liefern...«

Nun, so weit kam ich. Auch *er* hatte nichts mit Rindfleischkonserven für General Sherman zu tun. Das ist ja, dachte ich langsam, eine komische Art von Regierung. Es sah fast so aus, als wollte sie sich um die Bezahlung des Rindfleisches herumdrücken.

Am nächsten Tag ging ich zum Innenminister. Ich sprach: »Kaiserliche Hoheit! Am oder um den 10. Oktober...«

»Schon gut, Sir. Ich habe bereits von Ihnen gehört. Scheren Sie sich mit Ihrem nichtswürdigen Rindfleischkontrakt aus dem Hause. Mit dem Unterhalt der Armee hat das Innenministerium absolut nichts zu tun.«

Ich ging. Aber jetzt war ich erbittert. Ich sagte, ich würde sie verfolgen damit; ich würde jedes Ministerium dieser verrückten Regierung heimsuchen, bis die Angelegenheit mit dem Rindfleischkontrakt geklärt sei. Ich würde diese Rechnung kassieren, und wenn ich dabei zugrunde ginge wie meine Vorgänger.

Ich bestürmte den Postminister, ich belagerte das Landwirtschaftsministerum, ich lauerte dem Präsidenten des Abgeordnetenhauses auf. *Sie* hatten mit Rindfleischkontrakten der Armee nichts zu tun. Ich nahm mir den Direktor des Patentamtes vor. Ich sprach:

»Erhabene Exzellenz, am oder um den...«

»Donner und Doria! Da sind Sie also mit Ihrem aufwieglerischen Rindfleischkontrakt endlich *hier* gelandet? Wir haben mit Rindfleischkontrakten für die Armee *nichts* zu tun, sehr geehrter Herr.«

»Oh, das ist ja alles gut und schön, aber irgend jemand *muß* doch das Rindfleisch bezahlen. Und es muß *sofort* bezahlt werden, oder ich beschlagnahme dieses alte Patentamt mit allem Drum und Dran.«

»Aber mein lieber Herr...«

»Da hilft alles nichts, Sir. Das Patentamt ist, glaube ich, haftbar für das Rindfleisch; und haftbar oder nicht, das Patentamt muß es bezahlen.«

Die Einzelheiten spielen keine Rolle. Es endete mit einer Schlägerei. Das Patentamt siegte. Aber ich entdeckte etwas zu meinem Nutzen. Man sagte mir, das Finanzministerium sei die richtige Stelle, an die ich mich wenden müsse.

Ich wandte mich dorthin. Zweieinhalb Stunden wartete ich, dann empfing mich der Finanzminister. Ich sprach:

»Edelster, gewichtigster und ehrwürdigster Signore, am oder um den 10. Oktober 1861 schloß John Wilson Macken...«

»Das genügt, Sir. Ich habe von Ihnen gehört. Gehen Sie zum Ersten Rechnungsprüfer des Finanzministeriums.«

Das tat ich. Er schickte mich zum Zweiten Rechnungsprüfer. Der Zweite Rechnungsprüfer schickte mich zum Dritten, und der Dritte schickte mich zum Ersten Revisor der Rindfleischabteilung. Das sah nun allmählich so aus, als ob es ernst würde. Er sah seine Bücher durch und alle seine losen Blätter, fand jedoch keine Notiz über den Rindfleischkontrakt. Ich ging zum Zweiten Revisor der Rindfleischabteilung. Er sah seine Bücher und losen Blätter durch, aber ohne Erfolg. Das ermutigte mich. Im Laufe jener Woche schaffte ich die Abteilung für Reklamationen; in der dritten Woche begann und erledigte ich die Abteilung für verlegte Kontrakte und faßte festen Fuß in der Abteilung für Saldo mortale. Mit ihr war ich in drei Tagen fertig.

Jetzt blieb nur noch eine Stelle übrig. Ich belagerte den Kommissionär für Unwichtigkeiten. Genauer gesagt, seinen Sekretär – er selbst war nicht da. Sechzehn hübsche junge Damen saßen in dem Zimmer, die in Büchern schrieben, und es waren sieben gutaussehende junge Schreiber da, die ihnen zeigten, wie man es macht. Die jungen Damen lächelten ihnen über die Schulter zu, und die Schreiber lächelten zurück, und alles ging fröhlich zu, wie bei einer Hochzeit. Zwei oder drei Schreiber, die Zeitung lasen, blickten mich ziemlich streng an, lasen aber weiter, und kein Mensch sagte ein Wort. Ich hatte mich auf meinem ereignisvollen Wege vom allerersten Tage, als ich das erste Büro des Pökelfleischamts betrat, bis ich das letzte der Abteilung für Saldo mortale verließ, allerdings an diese Art flotter Bedienung von seiten vierter Hilfsunterbuchhalter gewöhnt. Ich hatte es inzwischen so weit gebracht, daß ich von meinem Eintreten in ein Amtszimmer bis zu dem Augenblick, da der Beamte mich ansprach, auf einem Bein stehen konnte und höchstens zwei- oder vielleicht dreimal den Fuß zu wechseln brauchte.

So stand ich nun da, bis ich den Fuß viermal gewechselt hatte. Dann sagte ich zu einem der Schreiber, die Zeitung lasen:

»Erlauchter Bummler, wo ist der Großtürke?«

»Was meinen Sie, Sir? Wen meinen Sie? Wenn Sie den Bürovorsteher meinen, der ist ausgegangen.«

»Wird er den Harem heute noch einmal besuchen?«

Eine Weile funkelte mich der junge Mann an, dann las er weiter in der Zeitung. Aber ich kannte die Manieren dieser Schreiber. Ich wußte, daß ich gerettet war, wenn er sie zu Ende lesen konnte, bevor die nächste Post aus New York eintraf. Er hatte nur noch zwei Zeitungen. Nach einer Weile war er mit ihnen fertig, und dann gähnte er und fragte mich, was ich wolle.

»Ruhmreicher, ehrenvoller Einfaltspinsel! Am oder um den...«

»Sie sind der Mann mit dem Rindfleischkontrakt. Geben Sie mir Ihre Papiere.«

Er nahm sie, und lange Zeit wühlte er nun in seinen Unwichtigkeiten herum. Endlich entdeckte er die nordwestliche Durchfahrt, wie *ich* die Sache betrachtete – er entdeckte die so lange verlorene Urkunde des Rindfleischkontrakts, er fand die Klippe, an der so viele meiner Vorgänger gescheitert waren, ehe sie diese erreicht hatten. Ich war tief gerührt. Und doch freute ich mich, denn ich hatte es noch erlebt.

Bewegt sagte ich: »Geben Sie sie mir. Die Regierung wird jetzt abrechnen.«

Er wehrte ab und sagte, da sei erst noch etwas zu erledigen.

»Wo ist dieser John Wilson Mackenzie?« fragte er.

»Tot.«

»Wann starb er?«

»Er starb gar nicht – er wurde umgebracht.«

»Wie?«

»Mit dem Tomahawk.«

»Wer hat ihn mit dem Tomahawk umgebracht?«

»Na, natürlich ein Indianer. Sie glauben doch nicht etwa, daß es der Superintendent einer Sonntagsschule war, wie?«
»Nein. Ein Indianer also?«
»Genau.«
»Name des Indianers?«
»Sein Name? Den Namen weiß *ich* doch nicht.«
»*Muß* seinen Namen haben. Wer war dabei, als Mackenzie mit dem Tomahawk erschlagen wurde?«
»Weiß ich nicht.«
»Sie selbst waren also nicht dabei?«
»Was Sie an meinen Haaren erkennen können. Ich habe gefehlt.«
»Woher wissen Sie dann, daß Mackenzie tot ist?«
»Weil er damals wirklich gestorben ist und ich jeden Grund zu der Annahme habe, daß er seitdem tot geblieben ist. Das *weiß* ich nämlich.«
»Wir brauchen Beweise. Haben Sie den Indianer?«
»Natürlich nicht.«
»Nun, den müssen Sie beschaffen. Haben Sie den Tomahawk?«
»Daran habe ich nie gedacht.«
»Den Tomahawk müssen Sie beschaffen. Sie müssen den Indianer und den Tomahawk vorweisen. Wenn durch sie Mackenzies Tod bewiesen werden kann, dann können Sie sich an die Kommission zur Prüfung von Ansprüchen wenden, mit einiger Aussicht, daß die Sache mit Ihrer Rechnung so in Fluß kommt, daß Ihre Kinder vielleicht die Auszahlung des Geldes noch erleben und sich dessen erfreuen können. Aber der Tod jenes Mannes muß bewiesen werden. Ich kann Ihnen allerdings gleich versichern, daß die Regierung niemals diese Transport- und Reisekosten des verstorbenen Mackenzie bezahlen wird. *Möglicherweise* wird sie das Faß Rindfleisch bezahlen, das Shermans Soldaten erbeutet haben, wenn Sie im Kongreß eine Gesetzesvorlage in diesem Fall durchbringen; die neunundzwanzig Faß, welche die Indianer verspeist haben, wird sie aber nicht bezahlen.«
»Dann stehen mir ja nur hundert Dollar zu, und *die* sind noch nicht einmal sicher! Und das nach all den Reisen

Mackenzies mit dem Rindfleisch durch Europa, Asien und Amerika; nach all der Bedrängnis und Betrübnis und Bitternis; nach all dem Gemetzel unter den Unschuldigen, die versucht haben, die Rechnung zu kassieren! Junger Mann, warum hat mir denn das der Erste Revisor der Pökelfleischabteilung nicht gleich gesagt?«

»Er wußte ja überhaupt nichts davon, daß Ihre Forderungen berechtigt sind.«

»Warum hat es mir der Zweite nicht gesagt? Warum nicht der Dritte? Warum haben es mir nicht all die Abteilungen und Ministerien gesagt?«

»Niemand von ihnen wußte das. Wir erledigen alles mit Routine. Sie sind der Routine gefolgt und haben herausgefunden, was Sie wissen wollten. Das ist der beste Weg. Das ist der einzige Weg. Er ist sehr ordnungsgemäß und sehr zeitraubend, aber er ist sehr sicher.«

»Ja, der sichere Tod. War es jedenfalls für die meisten meines Stammes. Auch ich fühle langsam, daß ich abgerufen werde. Junger Mann, Sie lieben das strahlende Wesen da drüben mit den sanften blauen Augen und den Stahlfedern hinter den Ohren – ich erkenne das an Ihren milden Blicken; Sie wollen sie heiraten, aber Sie sind arm. Hier, strecken Sie Ihre Hand aus – hier ist der Rindfleischkontrakt; nehmen Sie ihn und seien Sie glücklich! Der Himmel segne euch, meine Kinder!«

Das ist alles, was ich von dem großen Rindfleischkontrakt weiß, der im Staate soviel Gerede verursacht hat. Der Schreiber, dem ich ihn vermachte, starb. Weiter weiß ich nichts von dem Kontrakt oder von jemand, der mit ihm in Berührung kam. Ich weiß nur das eine: Wenn man lange genug am Leben bleibt, kann man eine Angelegenheit durch das Umständlichkeitsamt von Washington verfolgen und nach allerlei Mühen und Ärgernissen und Aufschüben herausbekommen, was man gleich am ersten Tage hätte herausbekommen können, wenn der Geschäftsgang im Umständlichkeitsamt so sinnvoll und systematisch organisiert wäre wie in einer privaten Großhandelsgesellschaft.

WIE ICH SEKRETÄR WAR

Ich bin jetzt nicht mehr Privatsekretär eines Senators. Sorglos und in der besten Laune hielt ich die Koje zwei Monate lang besetzt, doch dann begann mein Brot über das Wasser zurückzukehren – das heißt, meine Werke zahlten sich aus und offenbarten sich. Ich hielt es für das beste, abzudanken. Das spielte sich folgendermaßen ab.

Eines Morgens ließ mich mein Arbeitgeber ziemlich früh zu sich rufen, und sobald ich damit fertig war, heimlich einige Scherzrätsel in seine letzte große Rede über Finanzfragen einzuflechten, meldete ich mich bei ihm. In seinem Aussehen lag etwas Unheilverkündendes. Die Krawatte war nicht gebunden, das Haar war in Unordnung, und das Gesicht verriet Anzeichen eines unterdrückten Gewitters. Er hielt ein Bündel Briefe in der geballten Faust, und ich wußte, daß die gefürchtete Pazifikpost herein war. Er sagte:

»Ich habe gedacht, Sie wären vertrauenswürdig.«

Ich sagte: »Jawohl, Sir.«

Er sagte: »Ich habe Ihnen einen Brief von einigen meiner Wähler aus dem Staate Nevada gegeben, die die Einrichtung eines Postamts in Baldwin's Ranch forderten, und Ihnen aufgetragen, den Brief so erfinderisch zu beantworten, wie Sie nur können, mit Argumenten, die sie überzeugen sollten, daß an dem Ort ein Postamt wirklich nicht nötig wäre.«

Mir wurde leichter. »Oh, wenn es nur das ist, das *habe* ich besorgt.«

»Ja, das *haben* Sie. Ich werde Ihnen Ihre Antwort zu Ihrer eigenen Beschämung vorlesen:

Washington, den 24. November

Herren
Smith, Jones und andere

Meine Herren!

Was zum Kuckuck bilden Sie sich denn ein, wozu Sie in

Baldwin's Ranch ein Postamt brauchen? Es würde Ihnen überhaupt nichts nützen. Wenn irgendwelche Briefe dorthin gelangten, dann könnten Sie sie nicht lesen, wie Sie wissen; und außerdem, wenn Briefe kämen, die weitergehen sollten nach anderen Orten, und es wäre Geld drin, so würden sie wahrscheinlich nicht weitergehen, wie Sie zugleich einsehen werden; und das würde uns allen nur Scherereien machen. Nein, bringen Sie sich nicht um wegen eines Postamts für Ihr Camp. Mir liegen Ihre wahren Interessen am Herzen, und ich glaube, das wäre nur ein Mumpitz zur Verzierung. Was Ihnen fehlt, ist ein nettes Gefängnis, wissen Sie – ein nettes, solides Gefängnis und eine Schule zum unentgeltlichen Besuch. Das wäre ein dauernder Segen für Sie. Das würde Sie wirklich zufrieden und glücklich machen. Ich werde das sofort beantragen.

Ihr sehr ergebener etc.

Mark Twain

Für James W. N---, Senator der Vereinigten Staaten

Auf diese Weise haben Sie den Brief beantwortet. Die Leute sagen, sie hängen mich, wenn ich mich jemals wieder in ihrem Bezirk erblicken lasse; und ich weiß genau, das machen sie auch.«

»Aber, Sir, ich habe mir nicht gedacht, daß ich etwas Schlimmes tue. Ich wollte sie nur überzeugen.«

»Aha. Na, Sie *haben* sie überzeugt, daran zweifle ich nicht im geringsten. Hier ist nun ein weiteres Beispiel. Ich habe Ihnen ein Gesuch einiger Herren aus Nevada gegeben, die darum bitten, daß ich im Kongreß eine Gesetzesvorlage durchbringe, die die Methodistische Episkopalkirche des Staates Nevada als Körperschaft anerkennt. Ich habe Ihnen gesagt, Sie sollten als Antwort schreiben, daß solch ein Gesetz zu verabschieden eher Sache der Gesetzgebung des betreffenden Bundesstaates sei, und Sie sollten sich bemühen, ihnen begreiflich zu machen, daß bei der augenblicklichen Schwäche der religiösen Kräfte jenes jungen Gemeinwesens die Notwendigkeit, die Kirche als

Körperschaft anzuerkennen, doch fragwürdig sei. Was haben Sie geschrieben?

Washington, den 24. November
Hochwürden John Halifax
und andere

Meine Herren!
Mit dem, worauf Sie da spekulieren, werden Sie sich schon an die Gesetzgebung Ihres Staates wenden müssen – der Kongreß hat keine Ahnung von Religion. Sie brauchen sich aber damit auch nicht zu beeilen, denn die Sache, die Sie vorschlagen, da draußen in dem neuen Lande durchzuführen, ist nicht angebracht, wirklich, sie ist lächerlich. Ihr religiösen Leute dort seid zu schwach, was Verstand, Moral und Frömmigkeit betrifft – in allem so ziemlich. Lassen Sie mal lieber die Finger davon, Sie bringen es nicht zustande, daß das funktioniert. Auf so eine inkorporierte Gesellschaft können Sie keine Aktien ausgeben – und wenn schon, das würde Ihnen nur die ganze Zeit über Kopfschmerzen bereiten. Die anderen Sekten würden sie begeifern, sie ›drücken‹ und durch ungedeckten Verkauf unterbieten und ruinieren. Sie würden mit ihr genauso verfahren wie mit einer Eurer Silberminen da draußen, sie würden versuchen, aller Welt weiszumachen, es sei ein Schwindelunternehmen. Sie sollten nichts anpacken, was darauf abzielt, eine heilige Sache in Verruf zu bringen. Sie sollten sich was schämen – das ist meine Meinung dazu. Sie schließen Ihr Gesuch mit den Worten: ›Und ständig wollen wir beten.‹ Das sollten Sie lieber tun, glaube ich – Sie haben es nötig.

Ihr sehr ergebener etc.
Mark Twain

Für James W. N---, Senator der Vereinigten Staaten

Diese leuchtende Epistel hat unter meiner Wählerschaft mit der Unterstützung von religiöser Seite Schluß gemacht.

Um aber mit meinem politischen Mord ganz sicherzugehen, verleitete mich ein unheilvoller Drang dazu, Ihnen die Denkschrift der gewichtigen Gesellschaft von Senioren, die den Stadtrat von San Francisco bilden, auszuhändigen, damit Sie sich daran versuchen – eine Denkschrift, in der ersucht wird, die Rechte der Stadt auf die Wassergrundstücke auf der Stadtseite durch ein Gesetz des Kongresses zu sichern. Ich habe Ihnen gesagt, das zu beantragen, sei gefährlich. Ich habe Ihnen gesagt, Sie sollten den Stadträten einen Brief schreiben, in dem wir uns nicht festlegen, einen undurchsichtigen Brief, einen Brief, der soweit wie nur möglich jede ernsthafte Betrachtung und Erörterung der Wassergrundstücksfrage vermeidet. Wenn in Ihnen noch ein Rest von Empfindung und Schamgefühl steckt, dann sollte es der Brief, den Sie in Ausführung meines Auftrages verfaßten, erwecken, wenn sein Wortlaut Ihnen jetzt zu Ohren kommt.

Washington, den 27. November

An den
hochgeschätzten Stadtrat etc.

Meine Herren!

George Washington, der verehrte Vater des Landes, ist tot. Seine lange, glänzende Laufbahn ist beendet, ach, für immer. Er starb am 14. Dezember 1799. In Frieden schied er vom Schauplatz seiner Ehren und großen Leistungen, der meistbeklagte Held und heißestgeliebte, den die Welt je dem Tode übergab. Zu solcher Zeit reden *Sie* von Wassergrundstücken! – wer könnte ihm das Wasser reichen!

Was ist Ruhm! Ruhm ist Zufall! Sir Isaac Newton entdeckte einen Apfel, der vom Baum fiel – eine armselige Entdeckung, eine, die schon Millionen vor ihm gemacht hatten – aber seine Eltern besaßen großen Einfluß, und so haben sie aus diesem kleinen Vorfall etwas Wunderbares herausgequält, und siehe da, die einfältige Welt nahm den Ruf auf, und im Handumdrehen war der Mann berühmt. Bewahren Sie das im Gedächtnis.

Poesie, süße Poesie, was die Welt dir verdankt, ahnt
sie nie!
Maria hatt' ein kleines Lamm, sein Fell war weiß wie
Schnee.
Wohin Maria immer ging, das Lamm blieb in der Näh'.

> Hänschen klein ging allein
> in die weite Welt hinein;
> Ziege Meck wirft ihn in Dreck,
> bums, da war die Nase weg.

Wegen ihrer Einfachheit, anmutigen Diktion und Freiheit von unmoralischen Tendenzen halte ich diese beiden Gedichte für Perlen. Sie sind allen Intelligenzstufen angepaßt, jedem Bereich des Lebens – ländlichen Gefilden, der Kinderstube, den Gilden. Es sollte besonders kein Stadtrat ohne sie existieren.

Ehrwürdige Fossilien, schreiben Sie wieder! Nichts bildet so sehr wie ein freundschaftlicher Briefwechsel. Schreiben Sie wieder – und wenn in Ihrer Denkschrift irgend etwas steht, das sich auf etwas Bestimmtes bezieht, so halten Sie nicht zurück, das zu erläutern. Es wird uns immer eine Freude sein, Sie piepsen zu hören.

> Ihr sehr ergebener etc.
> Mark Twain

Für James W. N---, Senator der Vereinigten Staaten

Das ist ein abscheuliches, verderbliches Sendschreiben! Wahnsinn!«

»Nun, Sir, es tut mir wirklich leid, wenn irgend etwas falsch daran ist, aber – aber es scheint mir der Wassergrundstücksfrage auszuweichen.«

»Zum Teufel, auszuweichen! Oh! – aber schon gut. Da die Vernichtung nicht mehr aufzuhalten ist, soll sie auch vollständig sein. Soll sie vollständig sein – soll dieses letzte Ihrer Werke endgültig den Schlußstrich ziehen. Ich bin ruiniert. Ich ahnte nichts Gutes, als ich Ihnen den Brief aus Humboldt gab, in dem gebeten wird, daß die Postroute von Indian Gulch nach Shakespeare Gap und anderen dazwischenliegenden Orten geändert und teilweise dem alten Mormonenweg folgen soll. Aber ich habe Ihnen gesagt, das sei eine heikle Frage, und Sie ermahnt, sie ganz geschickt zu behandeln, eine unerfindliche Antwort zu geben und die Absender ein bißchen im Dunkeln zu lassen. Und Ihre verhängnisvolle Geistesschwäche trieb Sie dazu, diese verderbenbringende Antwort aufzusetzen. Ich sollte meinen, Sie müßten sich die Ohren zustopfen, wenn Sie nicht bar jeden Schamgefühls wären.

Washington, den 30. November

Herren
Perkins, Wagner und andere

Meine Herren!

Mit dem Indianerpfad, das ist eine heikle Angelegenheit, doch wenn man mit dem nötigen Geschick und der nötigen Unerfindlichkeit vorgeht, wird es, daran zweifle ich nicht, schon gewissermaßen sozusagen klappen, weil dort, wo die Postroute die Lassen Meadows verläßt, gegenüber der Stelle, wo im vergangenen Winter die beiden Shawnee-Häuptlinge Verfallene Rache und Beißer der Wolken skalpiert wurden, da dieser Weg einigen lieber ist, andere hingegen den Dingen zufolge etwas anderes vorziehen, verläßt doch der Mormonenweg Mosbey um drei Uhr früh und verläuft durch Jawbone Flat bis Blucher und dann bei Jug-Handle hinunter, wobei sich die Straße rechts davon hinzieht und natürlich auch rechts liegenbleibt, und Dawson befindet sich links des Weges, wo er links von besagtem Dawson verläuft und weiter von da bis Tomahawk, was die Route billiger macht und allen leichter zugänglich, die herankönnen, und wobei alle Ziele, die sich andere erreichbar wünschen, umgangen werden und dadurch der größten Anzahl das größte Glück zuteil wird und ich mich demzufolge in meiner Hoffnung bestärkt fühle, daß es so kommt. Ich werde mich allerdings jederzeit bereit halten und freuen, Ihnen von Zeit zu Zeit weitere Informationen in dieser Sache zukommen zu lassen, soweit Sie es wünschen und das Postministerium in der Lage ist, sie mir zu erteilen.

Ihr sehr ergebener
Mark Twain

Für James W. N---, Senator der Vereinigten Staaten

So – na, was halten Sie davon?«
»Na, ich weiß nicht, Sir. Es...nun, mir scheint...das ist unerfindlich genug.«
»Uner ... verlassen Sie das Haus! Ich bin ruiniert. Jene Wilden aus Humboldt werden mir nie vergeben, daß ich mit diesem unmenschlichen Brief ihren Verstand durcheinandergebracht habe. Die Achtung der Methodistischen Kirche habe ich verloren, des Stadtrates ...«
»Nun, dazu kann ich nicht viel sagen, denn in ihrem Falle mag ich ein wenig danebengeschossen haben, aber für die Leute von Baldwin's Ranch war ich ein zu harter Brocken, Herr General!«
»Verlassen Sie das Haus! Und verlassen Sie es für immer und ewig!«
Das betrachtete ich als eine versteckte Andeutung, daß man meines Dienstes nicht mehr bedurfte, und so dankte ich ab. Nie wieder werde ich Privatsekretär eines Senators. Leuten dieser Art kann man es nicht recht machen. Die haben keine Ahnung. Die Leistungen von unsereins können sie gar nicht würdigen.

DIE URSACHEN
MEINES KÜRZLICHEN RÜCKTRITTS

Washington, den 2. Dezember 1867

Ich bin zurückgetreten. Die Regierung scheint ziemlich unverändert weiterzumachen, doch fehlt ihrem Rade nun immerhin eine Speiche. Ich war Sekretär des Senatsausschusses für Konchologie, und ich habe das Amt niedergelegt. Ich bemerkte auf seiten der anderen Regierungsmitglieder die offene Neigung, mir zu verwehren, daß ich in den Beratungen über die Nation meine Stimme geltend machte, und deshalb konnte ich nicht länger im Amte bleiben, ohne meine Selbstachtung zu verlieren.

Wollte ich all die gröblichen Beleidigungen einzeln aufführen, die ich während der sechs Tage, die ich in offizieller Eigenschaft mit der Regierung zu tun hatte, über mich ergehen lassen mußte, so würde der Bericht einen Band füllen. Man ernannte mich zum Sekretär jenes Ausschusses für Konchologie und gewährte mir dann keinen Assistenten zum Billardspielen. Das hätte ich noch ertragen, so langweilig es auch war, wären mir die anderen Kabinettsmitglieder mit jener Höflichkeit begegnet, die sie mir schuldeten. Aber es war nicht an dem. Immer wenn ich beobachtete, daß der Chef eines Ministeriums einen falschen Kurs verfolgte, ließ ich alles stehen und liegen, ging hin und versuchte, wie es meine Pflicht war, ihn auf den richtigen Weg zu bringen; und nicht in einem einzigen Falle erntete ich Dank dafür.

Mit den besten Absichten der Welt ging ich zum Marineminister und sagte: »Sir, ich bemerke, daß Admiral Farragut da drüben in Europa nichts anderes treibt als herumzuplänkeln, als machte er einen Ausflug. Nun, das mag ja alles schön und gut sein, aber mir erscheint es nicht in einem solchen Lichte. Wenn er keine Kämpfe zu besorgen hat, dann lassen Sie ihn nach Hause kommen. Es hat wohl keinen Zweck, daß ein Mann eine ganze Flotte auf seine Vergnügungsreise mitnimmt. Das ist zu kostspielig. Wohlgemerkt, ich habe nichts gegen Vergnügungsreisen der Marineoffiziere – nichts gegen Vergnügungsreisen in vernünftigem Rahmen, Vergnügungsreisen, die billig sind. Na, sie können ja den Mississippi auf einem Floß hinunterfahren...«

Das hätte man hören sollen, wie er losdonnerte! Man hätte meinen können, ich hätte irgend etwas verbrochen. Aber ich machte mir nichts daraus. Ich sagte, ein solcher Ausflug sei billig, von republikanischer Einfachheit und vollkommen gefahrlos. Ich sagte, für einen ruhigen Vergnügungsausflug gebe es nichts Besseres als ein Floß.

Daraufhin fragte mich der Marineminister, wer ich sei; und als ich ihm mitteilte, daß ich mit der Regierung zu tun hätte, wollte er wissen, in welcher Eigenschaft. Ich sagte, daß ich, ohne über die Ausgefallenheit der Frage, die ja von einem Mitglied derselben Regierung kam, ein Wort verlieren zu wollen, ihn nur davon in Kenntnis setzen möchte, daß ich Sekretär des Senatsausschusses für Konchologie sei. Da ging ein schönes Gewitter los! Er schloß damit, daß er mir befahl, das Haus zu verlassen und mich in Zukunft ausschließlich um meine Angelegenheiten zu kümmern. Mein erster Gedanke war, ihn absetzen zu lassen. Dadurch würden allerdings auch noch andere außer ihm zu Schaden kommen, und mir selbst hätte es nicht richtig genützt, und deshalb ließ ich ihn im Amt.

Als nächstes ging ich zum Kriegsminister, der überhaupt nicht geneigt war, mich zu empfangen, bevor er erfuhr, daß ich mit der Regierung zu tun hatte. Wenn mich nicht eine wichtige Angelegenheit zu ihm geführt hätte, wäre ich vermutlich nicht bis zu ihm gelangt. Ich bat ihn um Feuer (er rauchte gerade), und dann teilte ich ihm mit, daß ich dagegen, daß er General Lees und seiner Waffenkameraden Freilassung auf Ehrenwort befürwortete, nichts einzuwenden hätte, daß ich aber seine Art der Kriegführung gegen die Indianer in den Ebenen nicht gutheißen könne. Ich sagte, er kämpfe zu verstreut. Er solle die Indianer mehr zusammentreiben – sie an irgendeinem Ort zusammentreiben, wo er für beide Seiten genügend Proviant hätte, und dann ein allgemeines Blutbad anrichten. Ich sagte, für einen Indianer sei nichts überzeugender als ein allgemeines Blutbad. Wenn er nicht für ein Blutbad sei, dann wäre das Nächstsichere bei einem Indianer Seife und Bildung. Seife und Bildung wirkten nicht so jäh wie ein Blutbad, aber auf die Dauer seien sie mörderischer; ein halbmassakrierter Indianer könne sich nämlich wieder erholen, aber wenn man ihn bilde und wasche, so gebe ihm das über kurz oder lang den Rest. Das untergrabe seine Natur, es erschüttere die Grundlagen seines Daseins.

»Sir«, sagte ich, »die Zeit ist gekommen, wo eine das Blut gerinnen machende Grausamkeit notwendig geworden ist. Traktieren Sie jeden Indianer, der unsere Ebenen verwüstet, mit Seife und einer Fibel, und lassen Sie ihn so sterben!«

Der Kriegsminister fragte mich, ob ich Kabinettsmitglied sei, und ich sagte ja – und ich sei überdies keiner von den ad interim amtierenden Leuten. (Hart, aber verdient.) Er erkundigte sich, welche Stellung ich bekleidete, und ich sagte, ich sei Sekretär des Senatsausschusses für Konchologie. Daraufhin wurde ich wegen Amtsbeleidigung arretiert und den größten Teil des Tages meiner Freiheit beraubt.

Beinahe faßte ich den Entschluß, nunmehr still zu sein und die Regierung machen zu lassen, was sie wolle. Doch die Pflicht rief, und ich folgte ihr: ich suchte den Finanzminister auf. Er sagte:

»Was wollen *Sie* denn haben?«

Diese Frage überrumpelte mich. Ich sagte: »Rumpunsch.«

Er sagte: »Wenn Sie geschäftlich hier sind, Sir, dann tragen Sie Ihre Angelegenheit vor – und zwar möglichst ohne viel Worte.«

Danach sagte ich, es tue mir leid, daß er es für angemessen halte, das Thema so unwirsch zu ändern, weil ein solches Betragen durchaus beleidigend für mich sei; doch unter den gegenwärtigen Umständen wolle ich darüber hinwegsehen und zur Sache kommen. Nun begann ich also, ihm ernste Vorhaltungen wegen der ungebührlichen Länge seines Finanzberichts zu machen. Ich sagte, er sei teuer, unnötig, und ungeschickt abgefaßt; es seien keine Beschreibungen darin, keine Poesie, kein Gefühl – keine Helden, keine Fabel, keine Bilder, nicht einmal Holzschnitte. Kein

Mensch würde ihn lesen, das sei sonnenklar. Ich legte ihm ans Herz, seinen Ruf nicht dadurch aufs Spiel zu setzen, daß er so etwas herausgebe. Wenn er die Hoffnung hege, in der Literatur je Erfolg zu haben, müsse er mehr Abwechslung in seine Werke bringen. Er müsse sich vor trokkenen Einzelheiten hüten. Ich sagte, der Jahresalmanach sei hauptsächlich wegen seiner Gedichte und Scherzrätsel so beliebt, und einige in den Finanzbericht eingestreute Scherzrätsel würden dem Absatz förderlicher sein als alle Steuereinkünfte, die er hineinsetzen könne.

Diese Dinge sagte ich mit den besten Absichten, und doch fuhr der Finanzminister aus der Haut. Er sagte sogar, ich sei ein Esel. In höchst beleidigender Art putzte er mich herunter und sagte, wenn ich noch einmal herkäme, um mich in seine Angelegenheiten zu mischen, würde er mich aus dem Fenster werfen. Ich erwiderte, ich würde meinen Hut nehmen und gehen, wenn ich nicht mit der Ehrerbietung behandelt würde, die meinem Amt gebühre, und ich ging auch. Genau dasselbe wie mit jungen Autoren. Wenn die ihr erstes Buch herausbringen, glauben sie doch stets, sie wüßten mehr als jeder andere. Denen kann niemand was erzählen.

Während der ganzen Zeit, die ich mit der Regierung zu tun hatte, schien es, als könnte ich in offizieller Eigenschaft nichts unternehmen, ohne mich in die Nesseln zu setzen. Und doch tat ich nichts, unternahm ich nichts, wovon ich nicht meinte, es sei zum Besten meines Landes. Vielleicht hat mich der Stachel des erlittenen Unrechts zu unbilligen und verletzenden Schlußfolgerungen getrieben, aber mir schien es bestimmt so, als hätten sich der Außenminister, der Kriegsminister, der Finanzminister und andere meiner Kollegen von Anfang an verschworen, mich aus der Bundesverwaltung zu stoßen.

Ich habe nur an einer Kabinettssitzung teilgenommen, solange ich mit der Regierung zu tun hatte. Der Bediente an der Tür des Weißen Hauses schien nicht geneigt, mir den Weg freizugeben, bis ich ihn fragte, ob die anderen Kabinettsmitglieder schon eingetroffen wären. Er sagte ja, und ich trat ein. Sie waren alle da, aber keiner bot mir einen Platz an. Sie starrten mich wie einen Eindringling an.

Der Präsident sagte: »Nun Sir, wer sind *Sie* denn?«

Ich reichte ihm meine Karte und sagte: »Der Ehrenwerte Mark Twain, Sekretär des Senatsausschusses für Konchologie.«

Daraufhin sah er mich von oben bis unten an, als hätte er von mir noch nie gehört.

Der Finanzminister sagte: »Das ist dieser lästige Esel, der mir empfohlen hat, Gedichte und Scherzrätsel in meinen Bericht einzufügen, als ob er ein Almanach wäre.«

Der Kriegsminister sagte: »Das ist derselbe Phantast, der gestern mit einem Plan zu mir kam, einen Teil der Indianer zu Tode zu bilden und den Rest zu massakrieren.«

Der Marineminister sagte: »Ich erkenne diesen Halbwüchsigen als denselben, der sich während der letzten Woche immer wieder in meine Angelegenheiten gemischt hat. Er regt sich darüber auf, daß Admiral Farragut eine ganze Flotte auf eine Vergnügungsreise mitnimmt, wie er sich ausdrückt. Seine Vorschläge über irgendeine wahnwitzige Vergnügungsreise auf einem Floß sind zu albern, um sie zu wiederholen.«

Ich sagte: »Meine Herren, ich bemerke hier eine Neigung, jeden Akt meiner amtlichen Laufbahn in zweifelhaftem Lichte erscheinen zu lassen. Ich bemerke auch eine Neigung, mir die Stimme in allen Beratungen der Nation zu verweigern. Heute wurde mir keinerlei Benachrichtigung zugestellt. Es war der reinste Zufall, daß ich erfuhr, es sollte Kabinettssitzung sein. Aber lassen wir das dahingehen. Alles, was ich wissen will, ist das: Ist das eine Kabinettssitzung oder nicht?«

Der Präsident sagte ja.

»Dann wollen wir sofort zur Sache kommen«, sagte ich, »und keine wertvolle Zeit damit vergeuden, gegenseitig an unserem Verhalten im Dienst ungeziemend herumzunörgeln.«

Nun ergriff der Außenminister in seiner gütigen Art das Wort und sagte: »Junger Mann, Sie befinden sich da in einem Irrtum. Die Sekretäre der Senatsausschüsse sind nicht Mitglieder des Kabinetts. Die Pförtner des Kapitols auch nicht, so seltsam das klingen mag. So sehr wir uns auch Ihre mehr als menschliche Weisheit für unsere Erörterungen wünschen mögen, können wir deshalb gesetzlich davon doch keinen Gebrauch machen. Die Beratungen der Nation müssen ohne Sie weitergehen; wenn ein Unglück folgt, was durchaus geschehen kann, so sei es Ihrem bekümmerten Geist ein Trost, daß Sie in Wort und Tat alles in Ihrer Macht Liegende getan haben, es abzuwenden. Meinen Segen haben Sie. Leben Sie wohl.«

Diese milden Worte besänftigten mein unruhiges Herz, und ich ging. Aber die Diener der Nation kennen keinen Frieden. Kaum hatte ich mein Zimmer im Kapitol erreicht und meine Füße wie ein Abgeordneter auf den Tisch gelegt, als einer der Senatoren des Ausschusses für Konchologie erbost hereinkam und sagte: »Wo stecken Sie denn den ganzen Tag?«

Ich antwortete, wenn das irgend jemanden außer mir etwas anginge, dann sei ich auf einer Kabinettssitzung gewesen.

»Auf einer Kabinettssitzung! Ich möchte gern wissen, was Sie auf einer Kabinettssitzung zu suchen hatten!«

Ich sagte, ich sei zu einer Beratung dort gewesen – vorausgesetzt, daß ihn die Sache in irgendeiner Weise überhaupt etwas anginge. Da wurde er frech und schloß mit der Feststellung, daß er mich schon seit drei Tagen suche, damit ich einen Bericht über Waagschalen, Eierschalen, Muschelschalen und was weiß ich noch alles, was mit Konchologie zusammenhängt, abschreibe, und niemand habe mich finden können.

Das war zuviel. Das war der eine Strohhalm zuviel, unter dem das Sekretärskamel zusammenbrach. Ich sagte: »Sir, nehmen Sie etwa an, daß ich für sechs Dollar den Tag *arbeite*? Wenn Sie das erwarten, dann möchte ich dem Senatsausschuß für Konchologie empfehlen, jemand anderen zu dingen. Ich bin *keiner* Partei Sklave! Nehmen Sie Ihre entwürdigende Stellung zurück. Gebt mir Freiheit, oder gebt mir den Tod!«

Von jener Stunde an hatte ich nichts mehr mit der Regierung zu tun. Geduckt vom Ministerium, geduckt vom Kabinett, geduckt schließlich vom Vorsitzenden eines Ausschusses, den ich bereichern wollte, erlag ich der Verfolgung, warf die Bedrängnisse und Versuchungen meines großen Amtes weit von mir und ließ mein blutendes Vaterland in der Stunde der Gefahr im Stich.

Doch hatte ich dem Staat einige Dienste erwiesen, und ich schickte ihm die Rechnung:

Die Vereinigten Staaten von Amerika
schulden dem Ehrenwerten Sekretär des Senatsausschusses
für Konchologie:

Für eine Konsultation mit dem Marineminister	50 Dollar
Für eine Konsultation mit dem Kriegsminister	50 Dollar
Für eine Konsultation im Kabinett	gratis
Meilengeld von und nach Jerusalem*, über Ägypten, Algier, Gibraltar und Cadiz, 1400 Meilen à 20 Cent	2800 Dollar
Gehalt als Sekretär des Senatsausschusses für Konchologie, 6 Tage à 6 Dollar	36 Dollar
Summa	2936 Dollar

Nicht ein Posten dieser Rechnung ist bezahlt worden, außer der Kleinigkeit von 36 Dollar Sekretärsgehalt. Der Finanzminister, der mich bis zum Ende verfolgte, fuhr mit der Feder durch alle übrigen Posten und vermerkte am Rande einfach: »Nicht bewilligt.« Man hat sich also schließlich für die befürchtete Alternative entschieden. Die Nichtanerkennung der Staatsschuld hat begonnen! Die Nation ist verloren. Freilich, der Präsident hat versprochen, meinen Anspruch in seiner Botschaft zu erwähnen und zu empfehlen, daß sie von den ersten Geldern, die auf Grund der Schuldforderungen wegen der *Alabama* eingehen, beglichen werden sollen. Aber wird er sich auch daran er-

---

* Die Abgeordneten der Territorien berechnen das Meilengeld in beiden Richtungen, obwohl sie nie mehr zurückfahren, wenn sie erst einmal hierhergelangt sind. Warum mir das Meilengeld verweigert wird, geht über mein Verständnis.

innern? Und kann ich nicht vielleicht schon vergessen sein, wenn die Schuldforderungen beglichen sein werden?

Für den Augenblick bin ich mit dem Beamtenleben fertig. Sollen jene Sekretäre, die sich hinters Licht führen lassen wollen, von mir aus bleiben. Ich kenne eine ganze Menge von ihnen in den Ministerien, die nie benachrichtigt werden, wann Kabinettssitzung sein soll, die von den Köpfen der Nation betreffs Krieg, Finanzen oder Handel nie um Rat gefragt werden, als ob sie mit der Regierung nichts zu tun hätten, und die tatsächlich Tag für Tag in ihrem Amt sitzen und arbeiten! Sie kennen ihre Bedeutung für die Nation, und sie zeigen sie unbewußt in ihrem Benehmen und in der Art und Weise, wie sie im Restaurant ihr Essen bestellen – aber sie arbeiten.

Ich kenne einen, der muß alle möglichen Zeitungsausschnitte in ein Buch kleben, manchmal bis zu acht oder zehn Ausschnitte am Tag. Das macht er nicht gut, aber er macht es, so gut er kann. Das ermüdet sehr. Für den Geist ist das anstrengend. Doch bekommt er nur 1800 Dollar im Jahr. Mit dem Kopf, den er hat, könnte der junge Mann bei irgendeiner anderen Beschäftigung Tausende und aber Tausende von Dollar anhäufen, wenn er wollte. Aber nein – sein Herz gehört seinem Land, und er will ihm dienen, solange es noch ein Einklebebuch besitzt.

Und ich kenne Angestellte, die nicht wissen, wie man richtig schreibt, aber die Kenntnis, die sie eben haben, legen sie großmütig ihrem Lande zu Füßen und rackern sich ab und leiden für 2500 Dollar im Jahr. Was sie schreiben, muß gelegentlich von anderen Angestellten noch einmal geschrieben werden; aber wenn jemand sein Bestes für sein Land gegeben hat, kann sich da das Land beklagen? Dann gibt es da Sekretäre, die haben keine Sekretärsstelle und warten und warten, daß eine frei wird – warten geduldig auf eine Gelegenheit, ihrem Lande auszuhelfen –, und während sie warten, bekommen sie ganze 2000 Dollar im Jahr dafür. Es ist traurig – es ist sehr, sehr traurig. Wenn ein Kongreßmitglied einen Freund besitzt, der begabt ist, aber keine Beschäftigung hat, bei der er seine großen Fähigkeiten anwenden kann, so vermittelt er ihn dem Lande und gibt ihm eine Stelle in einem Ministerium. Und dort muß sich der Mann zu Tode schuften, indem er mit den Akten kämpft, zum Wohle einer Nation, die nie seiner gedenkt, nie mit ihm fühlt – und alles für 2000 oder 3000 Dollar im Jahr.

Wenn ich meine Liste aller Angestellten der verschiedenen Ministerien fertig haben werde, mit meiner Angabe, was sie zu tun haben und was sie dafür bekommen, dann wird man einsehen, daß es nicht halb so viele Angestellte gibt, wie benötigt werden, und daß die vorhandenen nicht halb so viel verdienen, wie es nötig wäre.

DER GEHEIMNISVOLLE BESUCH

Als ich mich kürzlich fest niederließ, nahm man die erste Notiz von mir in der Form, daß mich ein Herr besuchte, der sagte, er sei Abschätzer und habe mit der Abteilung für innere Staatseinkünfte der Vereinigten Staaten zu tun. Ich sagte, ich hätte von seinem Geschäftszweig zwar noch nichts gehört, aber ich freute mich trotzdem – ob er nicht Platz nehmen wolle.
Er nahm Platz. Ich wußte nicht recht, wovon ich sprechen sollte, und doch fühlte ich, daß Leute, die es bis zur Würde eines Haushaltungsvorstands gebracht haben, in Gesellschaft unterhaltend, ungezwungen und freundlich sein sollten. Deshalb fragte ich ihn in Ermangelung eines anderen Themas, ob er sein Geschäft in unserer Nachbarschaft eröffnen wolle.
Er bejahte. (Ich wollte nicht den Eindruck erwecken, es nicht zu wissen, aber ich hatte gehofft, er würde erwähnen, was er zu verkaufen habe.)
Ich erlaubte mir zu fragen: »Wie geht das Geschäft?«
Und er sagte: »Soso.«
Ich sagte darauf, wir würden gelegentlich mal vorbeischauen, und wenn uns sein Haus genauso gut wie andere gefalle, würden wir ihm unsere Kundschaft gewähren.
Er sagte, er glaube, uns würde seine Firma hinreichend gefallen, um nur sie zu beehren – sagte, er habe es noch nicht erlebt, daß jemand, der mit ihm geschäftlich in Berührung gekommen wäre, weggegangen und sich nach einem anderen Vertreter seines Gewerbes umgesehen hätte.
Das klang ziemlich selbstgefällig, aber abgesehen von dem naturbedingten Ausdruck der Niederträchtigkeit, der uns allen eigen ist, sah der Mann doch recht ehrlich aus.
Ich weiß nicht mehr, wie es eigentlich kam, aber allmählich sind wir offenbar miteinander warm geworden und zusammengeschmolzen, was die Unterhaltung betrifft, und dann lief alles so gemütlich wie ein Uhrwerk.
Wir plauderten und plauderten – wenigstens ich; und

wir lachten und lachten – wenigstens er. Aber die ganze Zeit hindurch behielt ich Geistesgegenwart – ich hatte die mir angeborene Verschlagenheit »voll aufgedreht«, wie die Lokomotivführer sagen. Ich war entschlossen, trotz seiner dunklen Antworten alles über sein Geschäft herauszubekommen – und ich war entschlossen, es aus ihm herauszuholen, ohne daß er ahnte, worauf ich hinauswollte. Ich gedachte ihn mit einem ganz gerissenen Trick in die Falle zu locken. Ich wollte ihm alles von meinen Geschäften erzählen, und er würde bei diesem verführerischen Ausbruch von Vertrauensseligkeit mir gegenüber so aufgeschlossen werden, daß er sich vergäße und mir alles von seinen Angelegenheiten erzählte, bevor er merkte, worauf ich hinauswollte. ›Mein lieber Sohn‹, dachte ich, ›du weißt noch lange nicht, mit was für einem alten Fuchs du es zu tun hast.‹ Ich sagte:

»Nun, Sie würden es nie erraten, was ich diesen Winter und vergangenes Frühjahr mit meinen Vorträgen verdient habe!«

»Nein – glaube nicht, und wenn's um mein Leben ginge! Warten Sie mal, warten Sie mal – vielleicht ungefähr zweitausend Dollar? Aber nein; nein, Sir, ich weiß, soviel hätten Sie nicht verdienen können. Sagen wir, vielleicht siebzehnhundert?«

»Haha, ich hab's gewußt, daß Sie das nicht erraten. Die Einnahmen aus meinen Vorträgen von diesem Winter und vergangenen Frühjahr belaufen sich auf vierzehntausendsiebenhundertfünfzig Dollar. Was halten Sie davon?«

»Na, das ist erstaunlich – ganz erstaunlich. Das will ich mir notieren. Und Sie sagen, das sei noch nicht alles gewesen?«

»Alles? Du meine Güte, da wäre zum Beispiel noch mein Einkommen vom ›Täglichen Kriegsgeschrei‹ für vier Monate in Höhe von etwa – etwa – na, was würden Sie beispielsweise zu achttausend Dollar sagen?«

»Sagen? Na, ich würde sagen, in so einem Meer des Reichtums möchte ich mich auch einmal wälzen. Achttausend! Das will ich mir notieren. Na, Mann! – und bei alledem soll ich noch annehmen, daß Sie noch weitere Einkünfte haben?«

»Hahaha! Bisher sind wir sozusagen nur auf die Dörfer gegangen. Da ist mein Buch ›Die Arglosen im Ausland‹ – Preis drei Dollar fünfzig bis fünf Dollar, je nach Einband. Hören Sie zu. Sehen Sie mir in die Augen. Während der letzten viereinhalb Monate – von dem Verkauf zuvor ganz zu schweigen, nehmen wir nur die letzten viereinhalb Monate – haben wir fünfundneunzigtausend Exemplare von dem Buch verkauft. Fünfundneunzigtausend! Bedenken Sie! Im Durchschnitt, sagen wir, vier Dollar pro Exemplar. Das sind fast vierhunderttausend Dollar, mein Sohn. Ich bekomme die Hälfte.«

»Beim leidenden Moses! *Das* muß ich mir aufschreiben. Vierzehn – siebeneinhalb – acht – zweihundert. Summa summarum – na, auf Ehre, die Gesamtsumme beträgt zweihundertunddreizehn- bis vierzehntausend Dollar! Ist denn so etwas möglich?«

»Möglich? Wenn's nicht stimmt, kann's nur mehr sein. Zweihundertvierzehntausend Dollar bares Geld ist mein diesjähriges Einkommen, wenn ich noch rechnen kann.«

Nun stand der Herr auf, um zu gehen. Da überkam mich das höchst unbehagliche Gefühl, ich hätte meine Enthüllungen möglicherweise umsonst gemacht und, von den erstaunten Ausrufen des Fremden geschmeichelt, sie beträchtlich übertrieben. Aber nein; im letzten Augenblick händigte mir der Herr einen großen Umschlag aus und sagte, er enthalte seine Geschäftsanzeigen; ich würde alles über sein Geschäft darin finden; daß er sich glücklich schätzen würde, meine Kundschaft zu erhalten – wirklich stolz darauf wäre, die Kundschaft eines Mannes von so ungeheurem Einkommen zu besitzen; daß er immer geglaubt habe, es gäbe mehrere reiche Männer in der Stadt, doch wenn sie in Geschäftsverbindung zu ihm getreten seien, habe er festgestellt, daß sie kaum zu beißen hätten; und daß es wahrhaftig so unermeßlich lange her sei, daß er einem reichen Mann gegenübergesessen und mit ihm gesprochen und ihn mit eigenen Händen berührt habe, daß er sich kaum enthalten könne, mich zu umarmen, und es wirklich als eine große Gunst betrachten würde, wenn ich ihm erlaubte, mich zu umarmen.

Das gefiel mir so sehr, daß ich keinen Versuch machte zu widerstehen, sondern dem arglosen Fremden gestattete, seine Arme um mich zu schließen und ein paar beruhigende Tränen meinen Nacken hinunter zu weinen. Dann ging er seiner Wege.

Sobald er weg war, machte ich seine Geschäftsanzeigen auf. Vier Minuten lang studierte ich sie aufmerksam. Dann rief ich die Köchin: »Halten Sie mich, solange ich ohnmächtig bin! Lassen Sie Marie unterdessen die Pfannkuchen wenden.«

Als ich allmählich wieder zu mir kam, schickte ich nach der Kneipe an der Ecke und heuerte einen geübten Meister an, der gegen wöchentliche Entlohnung nachts aufbleiben und den Fremden verfluchen und mir tagsüber Beistand leisten sollte, wenn eine Krise einträte.

Oh, was das für ein Schurke war! Seine »Geschäftsanzeigen« waren nichts anderes als ein nichtswürdiges Steuerformular – eine Folge unverschämter Fragen nach meinen Privatangelegenheiten, welche den größten Teil von vier engen Druckseiten im Folioformat einnahmen, Fragen, möchte ich bemerken, die mit so wunderbarem Scharfsinn ausgeklügelt waren, daß der älteste Mann der Welt nicht begreifen konnte, worauf die meisten von ihnen abzielten, Fragen auch, die einen dazu verleiteten, ungefähr das Vierfache des Einkommens anzugeben, nur um unter Eid keine falschen Angaben zu machen. Ich sah mich nach einer Hintertür um, aber es schien keine zu geben.

Frage Nummer eins umfaßte meinen Fall so großmütig und weitläufig, wie ein Regenschirm einen Ameisenhaufen überspannt:

»Welche Einnahmen hatten Sie im vergangenen Jahr aus Handel, Beruf oder sonstiger Beschäftigung, gleich, wo diese betrieben wurde?«

Und diese Frage wurde von dreizehn anderen der gleichen spionierenden Art unterstützt, von denen die bescheidenste darüber Auskunft verlangte, ob ich Einbrüche oder Straßenraub begangen oder durch irgendeine Mordbrennerei oder andere geheime Quelle der Bereicherung Eigentum erworben hätte, das in meiner Erklärung zu Frage eins nicht aufgeführt wäre.

Es lag auf der Hand, daß mir der Fremde dazu verholfen hatte, mich selbst hereinzulegen. Das lag sehr klar auf der Hand, und deshalb ging ich hin und heuerte noch einen solchen geübten Meister an. Indem der Fremde meine Eitelkeit kitzelte, hatte er mich verführt, mein Einkommen auf zweihundertvierzehntausend Dollar anzugeben. Hiervon waren gesetzlich tausend Dollar steuerfrei – der einzige lichte Punkt, den ich erkennen konnte, aber das war nur ein Tropfen auf einen heißen Stein. Nach der gesetzlichen Höhe von fünf Prozent mußte ich der Regierung die erschreckliche Summe von zehntausendsechshundertfünfzig Dollar Einkommensteuer zahlen!

(Ich will hier gleich bemerken, daß ich sie nicht gezahlt habe.)

Ich kenne einen sehr reichen Mann, dessen Haus ein Palast ist, der eine königliche Tafel führt, dessen Ausgaben ungeheuer hoch sind und der dennoch kein Einkommen besitzt, wie ich oft aus den Steuerlisten ersehen habe. An diesen wandte ich mich in meinem Kummer um Rat. Er nahm meine entsetzlichen Angaben über meine Einkünfte, setzte sich die Brille auf, nahm seine Feder und siehe da! – im Handumdrehen war ich arm. Das war die sauberste Sache von der Welt. Er brachte das ganz einfach dadurch zustande, daß er die Aufstellung der *Abzüge* geschickt manipulierte.

Er setzte meine »Staats-, National- und Kommunalsteuern« in einer Höhe von soundsoviel an; meine »Einbußen durch Schiffbruch, Feuer usw.« soundsohoch; meine »Verluste beim Verkauf von Grundstücken« – beim »Veräußern von Viehbestand« – durch »Zahlung der Hausmiete« – durch »Instandhaltung, Verbesserungen, Zinszahlungen« – durch »frühere Steuerabgaben auf das Gehalt als Beamter der Armee, Flotte, im Steuerdienst der Vereinigten Staaten« und anderes mehr. Aus jedem einzelnen dieser Punkte holte er ganz erstaunliche Abzüge heraus – aus jedem einzelnen. Und als er fertig war, übergab er mir das Schriftstück, und ich sah sofort, daß während des vergangenen Jahres der wirkliche Gewinn aus meinem Einkommen *eintausendzweihundertfünfzig Dollar und vierzig Cent* betragen hatte.

»Nun«, sagte er, »die tausend Dollar sind nach dem Gesetz steuerfrei. Sie brauchen jetzt weiter nichts zu tun, als hinzugehen und dieses Dokument zu beeiden und die Steuer auf die zweihundertfünfzig Dollar zu zahlen.«

(Während er diese Rede hielt, mauste ihm sein kleiner Sohn Willie einen Zweidollarschein aus der Westentasche und verschwand damit, und ich gehe jede Wette ein, daß der Junge, wenn ihn mein Fremder morgen aufsuchte, falsche Angaben in bezug auf sein Einkommen machen würde.)

»Treiben Sie«, fragte ich, »treiben Sie die Abzüge für sich selbst auch immer auf diese Art in die Höhe?«

»Na, das möchte ich wohl meinen! Wenn es diese elf rettenden Klauseln unter dem Titel ›Abzüge‹ nicht gäbe, würde ich jährlich zum Bettler werden, um diese verhaßte, nichtswürdige, diese räuberische und tyrannische Regierung zu unterstützen.«

Dieser Herr steht hoch erhaben als einer der allerbesten der kreditfähigen Männer unserer Stadt da – der Männer von moralischem Gewicht, von kaufmännischer Lauterkeit, von unanfechtbarer gesellschaftlicher Makellosigkeit –, und deshalb beugte ich mich seinem Beispiel. Ich ging hin zum Steueramt, erhob mich unter den anklagenden Blicken meines einstigen Besuchers und beschwor Lüge auf Lüge, Betrug auf Betrug, Schandtat auf Schandtat, bis meine Seele Zoll um Zoll mit Meineiden bepanzert und meine Selbstachtung für immer und allzeit dahin war.

Aber was macht's? Es ist weiter nichts, als was Tausende der höchstgestellten, reichsten, stolzesten, geachtetsten, geehrtesten und umworbensten Männer in Amerika jedes Jahr tun. Und deshalb mache ich mir nichts draus. Ich schäme mich nicht. Ich werde einfach vorerst wenig reden und mich vor feuerfesten Handschuhen in acht nehmen, damit ich nicht unwiderruflich in gewisse schreckliche Gewohnheiten verfalle.

MEINE KANDIDATUR ALS GOUVERNEUR

Vor ein paar Monaten wurde ich für die Gouverneurswahlen in dem großen Staate New York nominiert, um gegen Mr. Stewart L. Woodford und Mr. John T. Hoffman für eine unabhängige Wählerschaft zu kandidieren. Irgendwie spürte ich, daß ich diesen Gentlemen gegenüber einen klaren Vorteil besaß – meinen guten Ruf. Wenn sie einmal erlebt hatten, was es bedeutet, einen guten Namen zu besitzen, so war diese Zeit vorbei, soviel war der Presse leicht zu entnehmen. Es war offensichtlich, daß sie in den letzten Jahren Bekanntschaft mit schändlichen Verbrechen aller Art gemacht hatten. Doch zur gleichen Zeit, da ich meinen Vorteil pries und mich heimlich über ihn freute, trübte eine schlammige Unterströmung die Tiefen meines Glücks, und zwar – weil ich meinen Namen in trauter Gemeinschaft mit dem solcher Leute verbreitet sehen mußte. Ich wurde immer unruhiger. Schließlich schrieb ich meiner Großmutter. Ihre Antwort kam prompt und war scharf. Sie lautete:

»In Deinem ganzen Leben hast Du nie etwas getan, dessen Du Dich schämen mußt – nicht das Geringste. Schau in die Zeitungen, schau hinein, und Du begreifst, was für Menschen die Herren Woodford und Hoffman sind, und dann überlege Dir, ob Du Dich erniedrigen, Dich mit ihnen auf eine Stufe stellen und in einen öffentlichen Wahlkampf einlassen willst.«

Genau, was ich dachte! Diese Nacht drückte ich kein Auge zu. Aber schließlich konnte ich nicht zurücktreten. Ich war gebunden und mußte weiterfechten. Als ich beim Frühstück so nebenbei in den Zeitungen blätterte, stieß ich auf den folgenden Artikel, und ich kann wahrlich sagen, ich bin noch nie so verdattert gewesen wie damals:

»*Meineid*. – Vielleicht wird sich Mr. Mark Twain nun, wo er als Gouverneurskandidat vor die Öffentlichkeit tritt, herablassen und einmal erklären, wie es kam, daß er im Jahre 1863 in Wakawak, Cochin China, von vierunddreißig Zeugen des Meineids überführt wurde, mit dessen Hilfe er eine arme Eingeborenenwitwe und ihre hilflose Familie eines kärglichen Pisangfleckens zu berauben beabsichtigte, ihres einzigen Halts und Erwerbs in ihrem schmerzlichen Verlust und ihrer Verlassenheit. Sich selbst wie auch dem großen Volk, dessen Wahlstimmen er verlangt, ist es Mr. Twain schuldig, diese Angelegenheit aufzuklären. Wird er es tun?«

Ich dachte, mich rührt der Schlag. So eine grausame, niederträchtige Beschuldigung. In Cochin China bin ich *nie gewesen!* Von Wakawak hatte ich noch nie etwas *gehört.* Ich konnte einen Pisangflecken von keinem Känguruh unterscheiden. Ich wußte nicht, was ich machen sollte. Ich war zerrüttet und hilflos. Am nächsten Morgen brachte die Zeitung das Folgende – weiter nichts:

»*Wichtig.* – Mr. Twain schweigt, wie man sieht, bezeichnenderweise still über den Meineid von Cochin China.«

(Merke: Während des weiteren Wahlkampfes bezeichnete mich dieses Blatt nie anders als den »schamlosen Meineidigen Twain«.)

Als nächstes kam die »Gazette« mit diesem Beitrag:

»*Erklärung erbeten.* – Will sich der neue Gouverneurskandidat herablassen und gewissen Mitbürgern (die darauf brennen, ihn zu wählen) die geringfügige Angelegenheit erläutern, wie seine Hüttengenossen in Montana von Zeit zu Zeit kleine Wertgegenstände verloren, bis sie sich schließlich gezwungen sahen, da diese Sachen ständig bei Mr. Twain oder in seinem ›Reisekoffer‹ (eine Zeitung, in die er seine Siebensachen packte) gefunden wurden, ihm zu seinem Besten eine freundliche Warnung zu geben und ihn deshalb teerten und federten, auf dem Schinderkarren herumfuhren und ihm dann den guten Rat erteilten, auf dem Platz, den er gewöhnlich im Camp einnahm, ein ständiges Vakuum zu hinterlassen. Will er sich dazu herablassen?«

Kann es etwas vorsätzlich Böswilligeres geben als das? Denn ich bin mein Lebtag nie in Montana gewesen.

(Danach sprach dieses Blatt immer von mir als dem »Dieb von Montana«.)

Ich bekam Angst, eine Zeitung in die Finger zu nehmen – wie einer, der eine Bettdecke hochheben will, unter der er aber eine Klapperschlange vermutet. Eines Tages fiel mir folgendes in die Augen:

»*Lügen haben kurze Beine!* – Die eidlichen Zeugenaussagen des Michael O'Flanagan, Esq., wohnhaft in Five Points, und von Mr. Kit Burns und Mr. John Allen, wohnhaft in Water Street, haben erwiesen, daß Mr. Mark Twains gemeine Behauptung, der verstorbene Großvater unseres edlen Bannerträgers John T. Hoffman sei wegen Straßenraubs gehängt worden, eine brutale und haltlose Lüge ist, die sich auch nicht im geringsten auf Tatsachen gründet. Für rechtschaffene Menschen ist es niederschlagend, sehen zu müssen, wie man um des politischen Erfolges willen zu so schmachvollen Mitteln greift und die Toten in ihren Gräbern beschimpft und ihre ehrbaren Namen durch üble Nachrede besudelt. Wenn wir daran denken, wie weh diese elende Lüge den unschuldigen Verwandten und Freunden des Verstorbenen tun muß, so treibt uns das fast dazu, die beleidigte und empörte Öffentlichkeit zur kurz entschlossenen ungesetzlichen Rache an dem Verleumder aufzurufen. Aber nein! Wir wollen ihn der Pein eines marternden Gewissens überlassen (wenn jedoch der Zorn die Öffentlichkeit übermannt und sie in ihrer blinden Wut dem Verleumder eine Körperbeschädigung zufügen sollte, so ist es nur zu offensichtlich, daß die Täter kein Geschworenengericht schuldig sprechen und kein Richter bestrafen kann).«

Der sinnreiche Schlußsatz hatte den Erfolg, daß er mich an dem Abend schleunigst aus dem Bett jagte und auch zur Hintertür hinaus, während »die beleidigte und empörte Öffentlichkeit« zum Vordereingang hereinbrandete, in ihrer berechtigten Entrüstung Möbel und Fensterscheiben zerschlug, als sie kam, und mitnahm, was sie nur tragen konnte, als sie ging. Und doch kann ich beim Barte des Propheten versichern, daß ich Gouverneur Hoffmans Großvater nie verleumdet habe. Mehr noch, ich hatte bis zu diesem Tag und dieser Stunde noch nie etwas von ihm gehört oder ihn erwähnt.

(Nebenbei möchte ich noch bemerken, daß das oben zitierte Blatt später immer auf mich Bezug nahm als »Twain, der Leichenfledderer«.)

Der nächste Zeitungsartikel, der meine Aufmerksamkeit erregte, war der folgende:

»*Ein reizender Kandidat.* – Mr. Mark Twain, der auf der Massenkundgebung der Unabhängigen gestern abend eine so vernichtende Rede halten sollte, erschien nicht zur festgesetzten Zeit! Ein Telegramm seines Arztes verkündete, daß er von einem Gespann durchgegangener Pferde niedergerissen worden sei und sich ein Bein zweimal gebrochen habe – Patient liege im Todeskampf und so weiter und so fort und noch eine Menge Blödsinn solcher Art. Und die Unabhängigen gaben sich redlich Mühe, diese erbärmliche Ausrede zu schlucken und so zu tun, als kannten sie nicht den *wahren* Grund der Abwesenheit dieser verworfenen Kreatur, die sie zu ihrem Bannerträger ernannt haben. *Eine gewisse Person ist gestern abend gesehen worden, wie sie mit starker Schlagseite in Mr. Twains Hotel taumelte.* Die Unabhängigen haben die Pflicht und Schuldigkeit, zu beweisen, daß dieses betrunkene Scheusal nicht Mark Twain war. Endlich haben wir sie! Um diese Angelegenheit können sie sich nicht herumdrücken! Mit Donnergewalt fordert die Stimme des Volkes: ›*Wer war dieser Mann?*‹«

Eine Weile war es für mich nicht zu glauben, absolut nicht zu glauben, daß es wirklich mein Name war, der mit diesem schmählichen Verdacht in Verbindung gebracht wurde. Drei lange Jahre sind verflossen, seit ich Bier, Wein oder ein anderes alkoholisches Getränk zum letztenmal angerührt habe.

(Es zeigt, welche Wirkung die Zeitläufe auf mich ausübten, wenn ich sage, daß ich mich in der nächsten Nummer dieses Blattes vertrauensvoll als »Mr. Delirium Tremens Twain« tituliert sah, ohne daß es mir einen Stich gab – nichtsdestoweniger wußte ich, daß diese Zeitung getreulich daran festhalten und mich bis zum seligen Ende so nennen würde.)

Um diese Zeit bildeten anonyme Briefe allmählich einen großen Teil meiner Post. Diese Form war üblich:

Wie war das mit der alten Frau, die Sie aus Ihrem Grundstück geschmissen haben, wo bettelte? Pol Pry

Und so:
Es gibt Dinger, die Sie gedreht haben, was keiner weiß, bloß ich. Besser Sie packen paar Dollars aus an Ihren sehr ergebenen oder Sie werden noch in Zeitung hören von
Handy Andy

So ungefähr sahen sie aus. Ich könnte, wenn gewünscht, damit fortfahren, bis der Leser davon genug hätte.
Alsbald »überführte« mich das Hauptorgan der Republikaner der Bestechung en gros, und das führende Blatt der Demokraten hängte mir einen schweren Fall von Erpressung an.
(Auf diese Weise erwarb ich noch zwei Namen: »Twain, der schmutzige Gauner« und »Twain, der eklige Bestecher«.)
Zu dieser Zeit war so ein Geschrei nach einer »Antwort« auf all diese furchtbaren Beschuldigungen, die man gegen mich richtete, entstanden, daß die Redakteure und Führer meiner Partei sagten, es wäre mein politischer Ruin, wenn ich noch länger schwiege. Wie um ihre Aufforderung zu bekräftigen, erschien am nächsten Tag in einer Zeitung folgender Artikel:
»*Sehet, welch ein Mensch!* – Der unabhängige Kandidat schweigt noch immer. Weil er nicht zu sprechen wagt. Alle Anklagen gegen ihn sind ausführlich bewiesen worden, und sie sind bestätigt und abermals bestätigt worden durch sein beredtes Schweigen, bis er heute überführt ist für immer. Schaut Euch Euren Kandidaten an, Unabhängige! Schaut Euch den schamlosen Meineidigen an! den Dieb von Montana! den Leichenfledderer! Betrachtet Euer Gestalt gewordenes Delirium tremens! Euren schmutzigen Gauner! Euren ekligen Erpresser! Starrt ihn an – wägt ihn wohl – und dann sagt, ob Ihr Eure ehrlichen Stimmen einer Person geben könnt, die sich durch ihre gräßlichen

Verbrechen diese traurige Reihe von Titeln erworben hat und ihren Mund nicht zu öffnen wagt, um auch nur einen abzustreiten!«

Mir blieb kein anderer Ausweg, und so machte ich mich in tiefer Demütigung daran, eine Menge grundloser Anschuldigungen und gemeiner, verruchter Lügen zu »beantworten«. Doch ich habe diese Aufgabe nie bewältigt, denn gleich am nächsten Morgen kam eine Zeitung mit einer frischen Schreckensmeldung heraus, einer neuen Feindseligkeit, und klagte mich allen Ernstes an, eine Irrenanstalt mit sämtlichen Insassen den Flammen übergeben zu haben, da sie meinem Haus die Aussicht versperrte. Das jagte mir einen panischen Schrecken ein. Dann folgte die Beschuldigung, daß ich meinen Onkel vergiftet hätte, um an seinen Besitz heranzukommen, verbunden mit der energischen Forderung, sein Grab öffnen zu lassen. Das trieb mich an den Rand des Wahnsinns. Obendrein wurde mir zur Last gelegt, daß ich zahnlose, arbeitsunfähige alte Verwandte beschäftigt hätte, im Findlingshospital zu kochen, als ich dessen Vorsteher war. Ich wankte, wankte. Und schließlich, als tun- und tauglicher Höhepunkt der schamlosen Verfolgung, die ich dem Parteihader zu verdanken hatte, waren neun kleine Bälger aller Farbschattierungen und Stufen der Zerlumptheit abgerichtet worden, bei einer öffentlichen Versammlung auf die Bühne zu laufen, meine Beine zu umklammern und Papi zu schreien!

Ich gab auf. Ich zog meine Fahne ein und ergab mich. Den Erfordernissen einer Gouverneurswahl im Staate New York war ich nicht gewachsen, und deshalb bot ich den Rücktritt von meiner Kandidatur an und unterzeichnete ihn verbittert

»Ihr sehr ergebener – früher ein anständiger Mensch,
doch jetzt
Mark Twain, sch. M., D. v. M., Lf., Del. Tr., sch. G. und e. B.«

Anmerkungen

S. 7 William Rufus: gemeint ist Wilhelm II. von England (1087–1100). – *Newgate:* das berüchtigte Londoner Zuchthaus, in das u. a. Daniel Defoes Moll Flanders und Charles Dickens' Oliver Twist, desgleichen Henry Fieldings Tom Jones, mehr oder weniger freiwillig Einblick gewannen. – *Temple Bar:* hier wurden die Köpfe der Hingerichteten als abschreckendes Beispiel zur Schau gestellt.

S. 8 Froissart: französischer Chronist (ca. 1337–1410), dem wir viel unseres Wissens über den Geist des mittelalterlichen Ritterwesens verdanken.

S. 11 General Braddock: Edward Braddock (1695–1755) war im Siebenjährigen Krieg britischer Oberbefehlshaber in Nordamerika und fiel in der britischen Niederlage gegen die verbündeten Franzosen und Indianer; Washington diente unter ihm.

S. 12 gewisse meiner Vorfahren... unter ihrem falschen Namen: diese Galerie zwielichtiger Figuren der Weltgeschichte bedarf in einer »burlesken« Autobiographie keines weiteren Kommentars.

S. 17 Andrew Jackson: das Mark Twain die Bulldogge nach dem 7. Präsidenten der USA nennt, ist natürlich kein Zufall; es ist seine Art, Geringschätzung in Form komischer Übertreibung auszudrücken.

S. 18 Daniel Webster: der berühmte Redner muß hier seinen Namen für den berühmten Springfrosch hergeben und wird auf solche Weise von Mark Twain ent-idolisiert, seines legendären Nimbus' beraubt.

S. 27 Horace Greely: amerikanischer Journalist (1811–72).

S. 31 Fiat justitia...: die lateinischen Zeilen ergeben keinen Sinn, der für den Zusammenhang relevant wäre; sie dienen lediglich zur Dekoration des wissenschaftlichen Traktats, in dem der Autor immer wieder unterbrochen wird. Dieses Traktat ergibt in sich ebenfalls keinen besonderen Sinn, sondern ist allenfalls als Handlungs-Requisit aufzufassen.

S. 32 der Geschichtsschreiber Josephus: gemeint ist der Jude Flavius Josephus (37–98 n. Chr.), der dem späteren Kaiser Vespasian voraussagte, daß er Kaiser werden würde, und dafür mit der römischen Staatsbürgerschaft belohnt wurde.

S. 41 Garfield ist ernannt: der konservative Republikaner James Abram Garfield (1831–81) war als 20. Präsident der USA nur ein Jahr im Amt (1881), bevor er ermordet wurde; »ernannt« bedeutet hier, daß er (gegen seinen Willen) zum Präsidentschaftskandidaten der Republikaner (1880) nominiert worden war.

S. 59 im Kriege: gemeint ist hier der amerikanische Bürgerkrieg (1861–65). – *eine beträchtliche Unsicherheit:* das Schwanken Mark Twains (den wir hier mit dem Erzähler gleichsetzen dürfen) zwischen Nord und Süd entspricht etwa dem Konflikt Huckleberry Finns, ob er dem Neger Jim zur Flucht verhelfen soll, auch wenn er damit gegen die bestehenden Gesetze verstößt. In durchaus südlicher Tradition erzogen, schloß sich Mark Twain zwar spontan (wie er hier selber schilderte) einem Freiwilligen-Regiment des Südens an, zog aber sehr bald die Konsequenzen aus seiner Einstellung, die sich den Kriegszielen des Nordens annäherte, und wohl auch aus der persönlichen Lustlosigkeit, am Kriege teilzunehmen. Er traf einen für ihn selbst und für die Zeit typischen Kompromiß: er ging nach Nevada, in den Westen, der am Krieg relativ unbeteiligt blieb und gerade in dieser Zeit zu raschem Aufstieg gelangte. (Diese Zeit schildert er in ›Durch Dick und Dünn‹.) Einen ähnlichen Eskapismus legte auch sein späterer Freund William Dean Howells an den Tag, der während der gesamten Kriegszeit als amerikanischer Konsul in Venedig residierte. Übrigens stand auch der Heimatstaat Mark Twains, Missouri, in einem ähnlichen Konflikt der Loyalitäten: obwohl sklavenhaltend, schloß es sich nicht den Südstaaten an, sondern blieb in der Union. – *Ich war Lotse:* in ›Leben auf dem Mississippi‹ berichtet Mark Twain von dieser Karriere und auch von Kriegserlebnissen der Lotsen (wie er sie auf der folgenden Seite leicht andeutet), die nach dem Krieg meist umsatteln mußten, denn die Eisenbahn hatte der Flußschiffahrt den Rang abgelaufen.

S. 60 ich wurde Rebell: »rebels« nennt man (zum Teil heute noch) die abtrünnigen Südstaaten und diejenigen, die sich mit ihnen identifizieren; der Sezession von South Carolina am 20. Dezember 1860 folgten nach und nach noch zehn weitere Staaten, die dann die »Confederate States of America« (Konföderierte Staaten von Amerika) bildeten, mit Richmond (Virginia) als Hauptstadt und Jefferson Davis als Präsidenten. Der eigentliche Bürgerkrieg begann erst am 12. April 1861. – *die Marionreiter:* in erster Linie heißen sie nach der Marion County, in der Hannibal liegt. Ursprünglicher Namensgeber für beide war jedoch der amerikanische Partisanengeneral des Unabhängigkeitskrieges Francis Marion (ca. 1732–95), dessen legendärer Ruhm (als »Swamp Fox«, Fuchs aus den Sümpfen South Carolinas) noch weit in das 19. Jahrhundert hineinreichte. Welche Ehre die Freiwilligen diesem verpflichtenden Namen machen, sehen wir im weiteren Verlauf der Erzählung.

S. 62 um Mitternacht und um vier Uhr morgens: das waren die Zeiten, zu denen der Lotse seine Wachen antrat; siehe ›Leben auf dem Mississippi‹, besonders Kapitel 6.

S. 64 Veteranen des Mexikanischen Krieges: der Krieg zwischen den Vereinigten Staaten und Mexiko (1846–48), der den gesamten Fernen Westen (einschließlich Kaliforniens) in amerikanische Hand brachte. – *Buena Vista und Molino del Rey:* für die Amerikaner siegreiche Schlachten in diesem Krieg.

S. 79 Macheten vom Isthmus: gemeint ist die Landenge von Panama. – *wo ich geboren wurde:* Samuel Langhorne Clemens wurde am 30. November 1835 in Florida (Missouri) geboren. – *Monroe County:* benannt nach dem 5. Präsidenten der USA, James Monroe (1758–1831), der auch der »Monroe Doctrine« (1823) seinen Namen gab, in der das Prinzip der Nichteinmischung Amerikas in europäische Angelegenheiten bei gleichzeitiger Nichtduldung weiterer europäischer Interventionen auf dem gesamten amerikanischen Kontinent niedergelegt wurde.

S. 80 General Grant: Ulysses S. Grant (1822–85) war Oberbefehlshaber der Unionstruppen im Bürgerkrieg und (1869–77) 18. Präsident der Vereinigten Staaten.

S. 81 Bull-Run-Leute: bei Bull Run erzielten die Truppen des Südens (jeweils unter Stonewall Jackson) zwei wichtige Erfolge: am 21. Juli 1861 und am 30. August 1862.

S. 114 Die andere Burleske, die ich meinte: diese Bemerkung verweist auf eine dem ›Blutigen Massaker‹ sehr ähnliche, kurze Satire mit dem Titel ›Der versteinerte Mensch‹, die wir hier nicht aufgenommen haben. In ihr lancierte Mark Twain, angeblich, um einen Leichenbeschauer zum Narren zu halten, den Fund eines versteinerten Menschen aus grauer Vorzeit in der Wüste von Nevada und erzielte damit einen ähnlich verblüffenden Effekt wie mit dem ›Blutigen Massaker‹.

S.117 meinen landwirtschaftlichen Spottartikel: »Wie ich eine landwirtschaftliche Zeitung herausgab«.

S.118 »John Williamson Mackenzies großer Rindfleischkontrakt«: siehe die folgende Erzählung. – *Creek-Krieg:* bei der Niederschlagung des Aufstandes der Creek-Indianer in Florida (1813–14) erwarb sich der spätere Präsident Andrew Jackson ersten militärischen Ruhm und große Volkstümlichkeit.

S.125 ein neuer Präsident: gemeint ist Abraham Lincoln, der 1861 James Buchanan im Präsidentenamt nachfolgte.

S.127 General Sherman: William T. Sherman (1820–91) war General der Nordstaaten im Bürgerkrieg. – *»Quaker-City«:* auf diesem Schiff machten Mark Twain und die »Die Arglosen im Ausland« 1867 ihre Bildungsreise nach Europa, über die Mark Twain in ›Die Arglosen im Ausland‹ berichtet; »Quaker-City« ist auch ein Spitzname für Philadelphia.

S.136 Methodistische Episkopalkirche: protestantische amerikanische Kirche mit Bischofsverfassung, die Persönlichkeit des Glaubens und Unmittelbarkeit des Heiligen Geistes betont.

S.142 Admiral Farragut: David Glasgow Farragut (1801–70), Admiral der Nordstaaten, errang am 28. April 1862 einen wichtigen Sieg über die Flotte des Südens, der die Einnahme von New Orleans ermöglichte.

S.143 General Lees... Freilassung: Robert E. Lee (1807–70), Oberbefehlshaber des Südens, war nach der Kapitulation am 9. April 1865 bei Appomattox (Virginia) praktisch ein freier Mann.

S.148 Schuldforderungen wegen der Alabama: sie wurden von den Vereinigten Staaten gegenüber England angemeldet, weil England in eindeutigem Bruch der Neutralität dem Süden das Schlachtschiff »Alabama« unter englischer Flagge und mit englischer Mannschaft zur Verfügung gestellt hatte. Dieses wurde zwar schließlich (1864) von der Marine des Nordens versenkt, hatte diese aber bis dahin bereits um 57 Schiffseinheiten ärmer gemacht. England zahlte 1873 15 Millionen Dollar Schadenersatz an die USA, also ziemlich genau das Doppelte von dem, was die USA 1867 für den Erwerb Alaskas an Rußland gezahlt hatten.

Mark Twain
im Diogenes Verlag

Gesammelte Werke in 5 Bänden
Aus dem Amerikanischen von Lore Krüger, Günther Klotz, Otto Wilck,
Ana Maria Brock, Gertrud Baruch, Martin Beheim-Schwarzbach,
Hannelore Novak und Werner Peterich. Herausgegeben, mit
Anmerkungen und einem Nachwort von Klaus-Jürgen Popp:
Tom Sawyer/Huckleberry Finn/Erzählungen – Durch Dick und Dünn/
Leben auf dem Mississippi – Die Arglosen im Ausland/
Bummel durch Europa – Der Prinz und der Bettelknabe/
Ein Yankee aus Connecticut an König Artus' Hof/
Persönliche Erinnerungen an Jeanne d'Arc – Autobiographie/
Der Mann, der Hadleyburg korrumpierte/
Die Eine-Million-Pfund-Note/Der geheimnisvolle Fremde/
Brief von der Erde
detebe 21338

Tom Sawyers Abenteuer
Roman. Deutsch von Lore Krüger
Mit einem Nachwort von Jack D. Zipes
detebe 21369

Huckleberry Finns Abenteuer
Roman. Deutsch von Lore Krüger
Mit einem Essay von T.S. Eliot
detebe 21370

Kannibalismus auf der Eisenbahn
und andere Erzählungen. Deutsch von Günther Klotz
detebe 21488

Der gestohlene weiße Elefant
und andere Erzählungen. Deutsch von Günther Klotz
detebe 21489

Die Eine-Million-Pfund-Note
und andere Erzählungen. Deutsch von Ana Maria Brock
und Otto Wilck. detebe 21490

Amerikanische Literatur im Diogenes Verlag

● Woody Allen
Manhattan. Vollständiges Drehbuch mit 20 Szenenfotos. Deutsch von Hellmuth Karasek und Armgard Seegers. detebe 20821
Der Stadtneurotiker. Vollständiges Drehbuch mit 19 Szenenfotos. Deutsch von Eckhard Henscheid und Sieglinde Rahm
detebe 20822
Interiors. Vollständiges Drehbuch mit 16 Szenenfotos. Deutsch von Hellmuth Karasek und Armgard Seegers. detebe 20823
Stardust Memories. Vollständiges Drehbuch mit 32 Szenenfotos. Deutsch von Hellmuth Karasek und Armgard Seegers. detebe 20824
Zelig. Vollständiges Drehbuch mit 16 Szenenfotos. Deutsch von Armgard Seegers
detebe 21154
Was Sie schon immer über Sex wissen wollten, aber nie zu fragen wagten. Vollständiges Drehbuch mit 10 Szenenfotos. Deutsch von Walle Bengs. detebe 21346
Hannah und ihre Schwestern. Vollständiges Drehbuch mit Fotos. Deutsch von Walle Bengs. detebe 21470
Weitere Werke in Vorbereitung

● Louis Armstrong
Mein Leben in New Orleans. Autobiographie. Deutsch von Hans Georg Brenner
detebe 20359

● John Bellairs
Das Haus, das tickte. Roman. Deutsch von Alexander Schmitz. Mit Zeichnungen von Edward Gorey. detebe 20368

● Ambrose Bierce
Die Spottdrossel. Erzählungen und Fabeln. Auswahl und Vorwort von Mary Hottinger. Deutsch von Joachim Uhlmann, Günter Eichel und Maria von Schweinitz. Zeichnungen von Tomi Ungerer. detebe 20234

● Robert Bloch
Nacht im Kopf. Roman. Deutsch von Monika Elwenspoek. detebe 21414

● Ray Bradbury
Die Mars-Chroniken. Roman in Erzählungen. Deutsch von Thomas Schlück
detebe 20863
Der illustrierte Mann. Erzählungen. Deutsch von Peter Naujack. detebe 20365
Fahrenheit 451. Roman. Deutsch von Fritz Güttinger. detebe 20862
Die goldenen Äpfel der Sonne. Erzählungen. Deutsch von Margarete Bormann
detebe 20864
Medizin für Melancholie. Erzählungen
Deutsch von Margarete Bormann
detebe 20865
Das Böse kommt auf leisen Sohlen. Roman. Deutsch von Norbert Wölfl. detebe 20866
Löwenzahnwein. Roman. Deutsch von Alexander Schmitz. detebe 21045
Das Kind von morgen. Erzählungen. Deutsch von Hans-Joachim Hartstein. detebe 21205
Die Mechanismen der Freude. Erzählungen
Deutsch von Peter Naujack. detebe 21242
Familientreffen. Erzählungen. Deutsch von Jürgen Bauer. detebe 21415

● Harold Brodkey
Erste Liebe und andere Sorgen. Erzählungen. Deutsch von Elizabeth Gilbert. detebe 20774

● Fredric Brown
Flitterwochen in der Hölle. Science-Fiction-Geschichten. Deutsch von B. A. Egger. Mit Illustrationen von Peter Neugebauer
detebe 20600

● W. R. Burnett
Little Caesar. Roman. Deutsch von Georg Kahn-Ackermann. detebe 21061
High Sierra. Roman. Deutsch von Armgard Seegers und Hellmuth Karasek. detebe 21208
Asphalt-Dschungel. Roman. Deutsch von Walle Bengs. detebe 21417

● Erskine Caldwell
Wo die Mädchen anders waren. Ausgewählte Geschichten. Deutsch von Inge M. Artl, Elisabeth Schnack und Joachim Marten
detebe 21186

● Truman Capote
»*Ich bin schwul. Ich bin süchtig. Ich bin ein Genie.*« Ein intimes Gespräch mit Lawrence Grobel. Deutsch von Thomas Lindquist. Mit einem Vorwort von James A. Michener. Mit 15 Fotos. Broschur

● David Carkeet
Minus mal Minus. Roman. Deutsch von Dorothee Asendorf. detebe 21478

● Raymond Chandler
Der große Schlaf. Roman. Deutsch von Gunar Ortlepp. detebe 20132
Die kleine Schwester. Roman. Deutsch von Walter E. Richartz. detebe 20206
Das hohe Fenster. Roman. Deutsch von Urs Widmer. detebe 20208
Der lange Abschied. Roman. Deutsch von Hans Wollschläger. detebe 20207
Die simple Kunst des Mordes. Essays, Briefe, eine Geschichte und ein Romanfragment. Herausgegeben von Dorothy Gardiner und Kathrine Sorley Walker. Deutsch von Hans Wollschläger. detebe 20209
Die Tote im See. Roman. Deutsch von Hellmuth Karasek. detebe 20311
Lebwohl, mein Liebling. Roman. Deutsch von Wulf Teichmann. detebe 20312
Playback. Roman. Deutsch von Wulf Teichmann. detebe 20313
Mord im Regen. Frühe Stories. Vorwort von Prof. Philip Durham. Deutsch von Hans Wollschläger. detebe 20314
Erpresser schießen nicht. Gesammelte Detektivstories I. Mit einem Vorwort des Autors. Deutsch von Hans Wollschläger
detebe 20751
Der König in Gelb. Gesammelte Detektivstories II. Deutsch von Hans Wollschläger
detebe 20752
Gefahr ist mein Geschäft. Gesammelte Detektivstories III. Deutsch von Hans Wollschläger. detebe 20753
Englischer Sommer. Geschichten, Parodien, Essays. Mit einem Vorwort von Patricia Highsmith, Zeichnungen von Edward Gorey und einer Erinnerung an den Drehbuchautor Chandler von John Houseman. Deutsch von Wulf Teichmann, Hans Wollschläger u.a. Mit einer kompletten Chandler-Bibliographie und -Filmographie. detebe 20754

Als Ergänzungsband liegt vor:
Frank MacShane
Raymond Chandler. Eine Biographie
Deutsch von Christa Hotz, Alfred Probst und Wulf Teichmann. detebe 20960

● Stephen Crane
Das blaue Hotel. Erzählungen. Herausgegeben, übersetzt und mit einem Nachwort von Walter E. Richartz. detebe 20789

Die rote Tapferkeitsmedaille. Roman
Deutsch von Eduard Klein und Klaus Marschke. Mit einem Nachwort von Stanley J. Kunitz und Howard Haycraft
detebe 21299

● Henry F. Ellenberger
Die Entdeckung des Unbewußten. Geschichte und Entwicklung der dynamischen Psychiatrie von den Anfängen bis zu Janet, Freud, Adler und Jung. Mit 45 Abbildungen. Deutsch von Gudrun Theuser-Stampa
detebe 21343

● Ralph Waldo Emerson
Natur. Essay. Deutsch von Harald Kiczka
Diogenes Evergreens
Essays. Herausgegeben und übersetzt von Harald Kiczka. Mit zahlreichen Anmerkungen und einem ausführlichen Index
detebe 21071

● William Faulkner
Brandstifter. Gesammelte Erzählungen I
Deutsch von Elisabeth Schnack
detebe 20040
Eine Rose für Emily. Gesammelte Erzählungen II. Deutsch von Elisabeth Schnack
detebe 20041
Rotes Laub. Gesammelte Erzählungen III.
Deutsch von Elisabeth Schnack
detebe 20042
Sieg im Gebirge. Gesammelte Erzählungen IV.
Deutsch von Elisabeth Schnack
detebe 20043
Schwarze Musik. Gesammelte Erzählungen V.
Deutsch von Elisabeth Schnack
detebe 20044
Die Unbesiegten. Roman. Deutsch von Erich Franzen. detebe 20075
Sartoris. Roman. Deutsch von Hermann Stresau. detebe 20076
Als ich im Sterben lag. Roman. Deutsch von Albert Hess und Peter Schünemann
detebe 20077
Schall und Wahn. Roman. Revidierte Übersetzung von Elisabeth Kaiser und Helmut M. Braem. detebe 20096
Absalom, Absalom! Roman. Deutsch von Hermann Stresau. detebe 20148
Go down, Moses. Chronik einer Familie. Roman. Deutsch von Hermann Stresau und Elisabeth Schnack. detebe 20149
Der große Wald. Vier Jagdgeschichten
Deutsch von Elisabeth Schnack
detebe 20150
Griff in den Staub. Roman. Deutsch von Harry Kahn. detebe 20151

Der Springer greift an. Kriminalgeschichten.
Deutsch von Elisabeth Schnack
detebe 20152
Soldatenlohn. Roman. Revidierte Übersetzung von Susanna Rademacher. detebe 20511
Moskitos. Roman. Revidierte Übersetzung von Richard K. Flesch. detebe 20512
Wendemarke. Roman. Revidierte Übersetzung von Georg Goyert. detebe 20513
Die Freistatt. Roman. Deutsch von Hans Wollschläger. Vorwort von André Malraux
detebe 20802
Licht im August. Roman. Deutsch von Franz Fein. detebe 20803
Wilde Palmen und Der Strom. Doppelroman. Deutsch von Helmut M. Braem und Elisabeth Kaiser. detebe 20988
Die Spitzbuben. Roman. Deutsch von Elisabeth Schnack. detebe 20989
Eine Legende. Roman. Deutsch von Kurt Heinrich Hansen. detebe 20990
Requiem für eine Nonne. Roman in Szenen. Deutsch von Robert Schnorr. detebe 20991
Das Dorf. Roman. Erster Teil der *Snopes-Trilogie.* Deutsch von Helmut M. Braem und Elisabeth Kaiser. detebe 20992
Die Stadt. Roman. Zweiter Teil der *Snopes-Trilogie.* Deutsch von Elisabeth Schnack
detebe 20993
Das Haus. Roman. Dritter Teil der *Snopes-Trilogie.* Deutsch von Elisabeth Schnack
detebe 20994
New Orleans. Skizzen und Erzählungen. Deutsch von Arno Schmidt. detebe 20510
Briefe. Nach der von Joseph Blotner edierten amerikanischen Erstausgabe von 1977, herausgegeben und übersetzt von Elisabeth Schnack und Fritz Senn. detebe 20958

Als Ergänzungsband liegt vor:
Über William Faulkner. Essays, Rezensionen, ein Interview, Zeichnungen, Chronik und Bibliographie. Herausgegeben von Gerd Haffmans. detebe 20098

● **F. Scott Fitzgerald**
Der große Gatsby. Roman. Revidierte Übersetzung von Walter Schürenberg
detebe 20183
Der letzte Taikun. Roman. Deutsch von Walter Schürenberg. detebe 20395
Pat Hobby's Hollywood-Stories. Übersetzt und mit Anmerkungen versehen von Harry Rowohlt. detebe 20743
Der Rest von Glück. Erzählungen 1920
detebe 20744
Ein Diamant – so groß wie das Ritz. Erzählungen 1922–1926. detebe 20745
Der gefangene Schatten. Erzählungen 1926 bis 1928. detebe 20746
Die letzte Schöne des Südens. Erzählungen 1928–1930. detebe 20747
Wiedersehen mit Babylon. Erzählungen 1930 bis 1940. detebe 20748
Alle Erzählungen in der Übersetzung von Walter Schürenberg, Walter E. Richartz u.a.
Zärtlich ist die Nacht. Roman. Neu übersetzt von Walter E. Richartz und Hanna Neves. Vorwort von Malcolm Cowley. detebe 21119
Das Liebesschiff. Erzählungen. Deutsch von Alexander Schmitz. detebe 21187
Der ungedeckte Scheck. Erzählungen
Deutsch von Alexander Schmitz
detebe 21305

● **Dashiell Hammett**
Der Malteser Falke. Roman. Deutsch von Peter Naujack. detebe 20131
Rote Ernte. Roman. Deutsch von Gunar Ortlepp. detebe 20292
Der Fluch des Hauses Dain. Roman. Deutsch von Wulf Teichmann. detebe 20293
Der gläserne Schlüssel. Roman. Deutsch von Hans Wollschläger. detebe 20294
Der dünne Mann. Roman. Deutsch von Tom Knoth. detebe 20295
Fliegenpapier. Detektivstories I. Deutsch von Harry Rowohlt, Helmut Kossodo, Helmut Degner, Peter Naujack und Elizabeth Gilbert. Vorwort von Lillian Hellman
detebe 20911
Fracht für China. Detektivstories II. Deutsch von Elizabeth Gilbert, Antje Friedrichs und Walter E. Richartz. detebe 20912
Das große Umlegen. Detektivstories III. Deutsch von Walter E. Richartz, Hellmuth Karasek und Wulf Teichmann. detebe 20913
Das Haus in der Turk Street. Detektivstories IV. Deutsch von Wulf Teichmann
detebe 20914
Das Dingsbums Küken. Detektivstories V. Deutsch von Wulf Teichmann. Nachwort von Steven Marcus. detebe 20915

Als Ergänzungsband liegt vor:

Diane Johnson
Dashiell Hammett. Eine Biographie. Aus dem Amerikanischen von Nikolaus Stingl. Mit zahlreichen Abbildungen. Leinen

● **O. Henry**
Die klügere Jungfrau. Erzählungen. Mit einem Essay von Cesare Pavese. detebe 20871
Das Herz des Westens. Erzählungen
detebe 20872
Der edle Gauner. Erzählungen
detebe 20873

Wege des Schicksals. Erzählungen
detebe 20874
Streng geschäftlich. Erzählungen
detebe 20875
Rollende Steine. Erzählungen. detebe 20876
Alle Erzählungen deutsch von Annemarie und
Heinrich Böll, Hans Wollschläger u.a.

● Patricia Highsmith
Nixen auf dem Golfplatz. Erzählungen
Deutsch von Anne Uhde. Leinen
Suspense oder Wie man einen Thriller schreibt
Deutsch von Anne Uhde. Broschur
Elsie's Lebenslust. Roman. Deutsch von Otto
Bayer. Leinen
Der Stümper. Roman. Deutsch von Barbara
Bortfeldt. detebe 20136
Zwei Fremde im Zug. Roman. Deutsch von
Anne Uhde. detebe 20173
Der Geschichtenerzähler. Roman. Deutsch
von Anne Uhde. detebe 20174
Der süße Wahn. Roman. Deutsch von
Christian Spiel. detebe 20175
Die zwei Gesichter des Januars. Roman.
Deutsch von Anne Uhde. detebe 20176
Der Schrei der Eule. Roman. Deutsch von
Gisela Stege. detebe 20341
Tiefe Wasser. Roman. Deutsch von Eva
Gärtner und Anne Uhde. detebe 20342
Die gläserne Zelle. Roman. Deutsch von
Gisela Stege und Anne Uhde. detebe 20343
Das Zittern des Fälschers. Roman. Deutsch
von Anne Uhde. detebe 20344
Lösegeld für einen Hund. Roman. Deutsch
von Anne Uhde. detebe 20345
Der talentierte Mr. Ripley. Deutsch von
Barbara Bortfeldt. detebe 20481
Ripley Under Ground. Deutsch von Anne
Uhde. detebe 20482
Ripley's Game. Roman. Deutsch von Anne
Uhde. detebe 20346
Der Schneckenforscher. Gesammelte Geschichten. Vorwort von Graham Greene.
Deutsch von Anne Uhde. detebe 20347
Ein Spiel für die Lebenden. Deutsch von
Anne Uhde. detebe 20348
Kleine Geschichten für Weiberfeinde
Deutsch von Walter E. Richartz. Zeichnungen von Roland Topor. detebe 20349
Kleine Mordgeschichten für Tierfreunde
Deutsch von Anne Uhde. detebe 20483
Venedig kann sehr kalt sein. Roman. Deutsch
von Anne Uhde. detebe 20484
Ediths Tagebuch. Roman. Deutsch von Anne
Uhde. detebe 20485
Der Junge, der Ripley folgte. Roman
Deutsch von Anne Uhde. detebe 20649

Leise, leise im Wind. Zwölf Geschichten.
Deutsch von Anne Uhde. detebe 21012
Keiner von uns. Erzählungen. Deutsch von
Anne Uhde. detebe 21179
Leute, die an die Tür klopfen. Roman
Deutsch von Anne Uhde. detebe 21349

Als Ergänzungsband liegt vor:
Über Patricia Highsmith. Essays und Zeugnisse von Graham Greene bis Peter Handke.
Mit Bibliographie, Filmographie und zahlreichen Fotos. Herausgegeben von Fritz Senn
und Franz Cavigelli. detebe 20818

● John Irving
Laßt die Bären los! Roman. Deutsch von
Michael Walter. Leinen
Eine Mittelgewichts-Ehe. Roman. Deutsch
von Nikolaus Stingl. Leinen
Das Hotel New Hampshire. Roman. Deutsch
von Hans Hermann. detebe 21194

● Ring Lardner
Geschichten aus dem Jazz-Zeitalter. Auswahl, Nachwort und Übersetzung von Fritz
Güttinger. detebe 20153

● Anita Loos
Blondinen bevorzugt. Roman. Deutsch von
Gustaf Kauder. detebe 21471
Gentlement heiraten Brünette. Deutsch von
Marie-Therese Morel. Mit einem Nachwort
von Ursula von Kardorff. detebe 21472

● Alison Lurie
Affären. Eine transatlantische Liebesgeschichte. Deutsch von Otto Bayer. Leinen

● Carson McCullers
Wunderkind. Erzählungen I. Deutsch von
Elisabeth Schnack. detebe 20140
Madame Zilensky und der König von Finnland. Erzählungen II. Deutsch von Elisabeth
Schnack. detebe 20141
Die Ballade vom traurigen Café. Novelle.
Deutsch von Elisabeth Schnack. Diogenes
Evergreens. Auch als detebe 20142
Das Herz ist ein einsamer Jäger. Roman.
Deutsch von Susanna Rademacher
detebe 20143
Spiegelbild im goldnen Auge. Roman.
Deutsch von Richard Moering. detebe 20144
Frankie. Roman. Deutsch von Richard
Moering. detebe 20145
Uhr ohne Zeiger. Roman. Deutsch von
Elisabeth Schnack. detebe 20146

Als Ergänzungsband liegt vor:
Über Carson McCullers. Essays von und über Carson McCullers; Chronik und Bibliographie. Deutsch von Elisabeth Schnack und Elizabeth Gilbert. Herausgegeben von Gerd Haffmans. detebe 20147

● Ross Macdonald
Dornröschen war ein schönes Kind. Roman. Deutsch von Wulf Teichmann. detebe 20227
Unter Wasser stirbt man nicht. Roman Deutsch von Hubert Deymann detebe 20322
Ein Grinsen aus Elfenbein. Roman. Deutsch von Charlotte Hamberger. detebe 20323
Die Küste der Barbaren. Roman. Deutsch von Marianne Lipcowitz. detebe 20324
Der Fall Galton. Roman. Deutsch von Egon Lothar Wensk. detebe 20325
Gänsehaut. Roman. Deutsch von Gretel Friedmann. detebe 20326
Der blaue Hammer. Roman. Deutsch von Peter Naujack. detebe 20541
Durchgebrannt. Roman. Deutsch von Helmut Degner. detebe 20868
Geld kostet zuviel. Roman. Deutsch von Günter Eichel. detebe 20869
Die Kehrseite des Dollars. Roman Deutsch von Günter Eichel. detebe 20877
Der Untergrundmann. Roman. Deutsch von Hubert Deymann. detebe 20878
Der Drahtzieher. Sämtliche Detektivstories um Lew Archer I. Mit einem Vorwort des Autors. Deutsch von Hubert Deymann und Peter Naujack. detebe 21018
Einer lügt immer. Sämtliche Detektivstories um Lew Archer II. Deutsch von Hubert Deymann und Peter Naujack. detebe 21019
Sanftes Unheil. Roman. detebe 21178
Blue City. Roman. Deutsch von Christina Sieg-Welti und Christa Hotz. detebe 21317
Der Mörder im Spiegel. Roman. Deutsch von Dietlind Bindheim. detebe 21303

● A. E. W. Mason
Die vier Federn. Roman. Deutsch von Thomas Schlück. detebe 21176

● Herman Melville
Moby-Dick. Roman. Deutsch von Thesi Mutzenbecher und Ernst Schnabel detebe 20835
Billy Budd. Erzählung. Deutsch von Richard Moering. detebe 20787

● Margaret Millar
Nymphen gehören ins Meer. Roman Deutsch von Otto Bayer. Leinen
Liebe Mutter, es geht mir gut... Roman Deutsch von Elizabeth Gilbert detebe 20226
Die Feindin. Roman. Deutsch von Elizabeth Gilbert. detebe 20276
Fragt morgen nach mir. Roman. Deutsch von Anne Uhde. detebe 20542
Ein Fremder liegt in meinem Grab. Roman. Deutsch von Elizabeth Gilbert. detebe 20646
Die Süßholzraspler. Roman. Deutsch von Georg Kahn-Ackermann und Susanne Feigl detebe 20926
Von hier an wird's gefährlich. Roman Deutsch von Fritz Güttinger. detebe 20927
Der Mord von Miranda. Roman. Deutsch von Hans Hermann. detebe 21028
Das eiserne Tor. Roman. Deutsch von Karin Reese und Michel Bodmer. detebe 21063
Fast wie ein Engel. Roman. Deutsch von Luise Däbritz. detebe 21190
Die lauschenden Wände. Roman. Deutsch von Karin Polz. detebe 21421

● Edgar Allan Poe
Die schwarze Katze und andere Verbrechergeschichten. detebe 21183
Die Maske des roten Todes und andere phantastische Fahrten. detebe 21184
Der Teufel im Glockenstuhl und andere Scherz- und Spottgeschichten. detebe 21185
Der Untergang des Hauses Usher und andere Geschichten von Schönheit, Liebe und Wiederkunft. detebe 21184

Alle vier Bände herausgegeben von Theodor Etzel. Deutsch von Gisela Etzel, Wolf Durian u.a.
Die denkwürdigen Erlebnisse des Arthur Gordon Pym. Roman. Deutsch von Gisela Etzel. Mit einem Nachwort von Jörg Drews detebe 21267

● Patrick Quentin
Bächleins Rauschen tönt so bang... Geschichten. Deutsch von Günter Eichel detebe 20195
Familienschande. Roman. Deutsch von Helmut Degner. detebe 20917

● Jack Ritchie
Der Mitternachtswürger. Geschichten Deutsch von Alfred Probst. detebe 21293
Für alle ungezogenen Leute. Detektiv-Geschichten. Deutsch von Dorothee Asendorf detebe 21384

● Everett M. Rogers & Judith K. Larsen
Silicon Valley Fieber. An der Schwelle zur High-Tech-Zivilisation. Deutsch von H. Boysen. detebe 21463

● Henry Slesar
Das graue distinguierte Leichentuch. Roman. Deutsch von Paul Baudisch und Thomas Bodmer. detebe 20139
Vorhang auf, wir spielen Mord! Roman. Deutsch von Thomas Schlück
detebe 20216
Erlesene Verbrechen und makellose Morde. Geschichten. Deutsch von Günter Eichel und Peter Naujack. Vorwort von Alfred Hitchcock. Zeichnungen von Tomi Ungerer
detebe 20225
Ein Bündel Geschichten für lüsterne Leser. Deutsch von Günter Eichel. Einleitung von Alfred Hitchcock. Zeichnungen von Tomi Ungerer. detebe 20275
Hinter der Tür. Roman. Deutsch von Thomas Schlück. detebe 20540
Aktion Löwenbrücke. Roman. Deutsch von Günter Eichel. detebe 20656
Ruby Martinson. Geschichten vom größten erfolglosen Verbrecher der Welt. Deutsch von Helmut Degner. detebe 20657
Schlimme Geschichten für schlaue Leser Deutsch von Thomas Schlück. detebe 21036
Coole Geschichten für clevere Leser. Deutsch von Thomas Schlück. detebe 21046
Fiese Geschichten für fixe Leser. Deutsch von Thomas Schlück. detebe 21125
Böse Geschichten für brave Leser. Deutsch von Christa Hotz und Thomas Schlück
detebe 21248

● Elinor Goulding Smith
Die perfekte Hausfrau. Deutsch von Elisabeth Schnack. Mit Zeichnungen von Loriot. detebe 21082

● Henry David Thoreau
Walden oder Leben in den Wäldern. Deutsch von Emma Emmerich und Tatjana Fischer. Mit Anmerkungen, Chronik und Register und mit einem Vorwort von W. E. Richartz
detebe 20019
Über die Pflicht zum Ungehorsam gegen den Staat und andere Essays. Auswahl, Übersetzung und Nachwort von W.E. Richartz
detebe 20063

● Mark Twain
Gesammelte Werke in 5 Bänden. Herausgegeben, mit Anmerkungen und einem Nachwort von Klaus-Jürgen Popp. detebe 21338
Tom Sawyers Abenteuer. Roman. Deutsch von Lore Krüger. Mit einem Nachwort von Jack D. Zipes. detebe 21369
Huckleberry Finns Abenteuer. Roman
Deutsch von Lore Krüger. Mit einem Essay von T.S. Eliot. detebe 21370
Kannibalismus auf der Eisenbahn und andere Erzählungen. Deutsch von Günther Klotz
detebe 21488
Der gestohlene weiße Elefant und andere Erzählungen. Deutsch von Günther Klotz
detebe 21489
Die Eine-Million-Pfund-Note und andere Erzählungen. Deutsch von Ana Maria Brock und Otto Wilck. detebe 21490

● Lewis Wallace
Ben Hur. Eine Erzählung aus der Zeit Christi
Deutsch und mit einem Nachwort von Hugo Reichenbach. detebe 21291

● Nathanael West
Schreiben Sie Miss Lonelyhearts. Roman. Mit einer Einführung von Alan Ross. Deutsch von Fritz Güttinger. detebe 20058
Tag der Heuschrecke. Roman. Deutsch von Fritz Güttinger. detebe 20059
Eine glatte Million oder Die Demontage des Mister Lemuel Pitkin. Roman. Übersetzung, Anmerkungen und Nachwort von Dieter E. Zimmer. detebe 20249

● Walt Whitman
Grashalme. Nachdichtung von Hans Reisiger. Mit einem Essay von Gustav Landauer
detebe 21351

● Das Diogenes Lesebuch amerikanischer Erzähler
Geschichten von Washington Irving bis Harold Brodkey. Mit einleitenden Essays von Edgar A. Poe und Ring Lardner, Zeittafel, bio-bibliographischen Notizen und Literaturhinweisen. Herausgegeben von Gerd Haffmans. detebe 20271

Die erfolgreichen Diogenes Anthologien

Der goldene Gelbe
Sonderausgabe. Enthält folgende Romane: Raymond Chandler, Der große Schlaf / Patricia Highsmith, Zwei Fremde im Zug / Eric Ambler, Die Maske des Dimitrios
detebe 21412

Gespenster
Geschichten von Daniel Defoe bis Algernon Blackwood. Herausgegeben von Mary Hottinger. detebe 20497

Mehr Gespenster
Geschichten von Rudyard Kipling bis Brian Moore. Herausgegeben von Mary Hottinger. detebe 21027

Noch mehr Gespenster
Geschichten aus aller Welt von Honoré de Balzac bis Anton Čechov. Herausgegeben von Dolly Dolittle. detebe 21310

Hundegeschichten
von Jack London bis Friedrich Dürrenmatt Mit ganzseitigen Illustrationen von Grandville bis Sempé. Diogenes Evergreens
Auch als detebe 21353

Katzengeschichten
von Guy de Maupassant bis Alfred Andersch. Mit ganzseitigen Illustrationen von Aubrey Beardsley bis Maurice Sendak
Diogenes Evergreens. Auch als detebe 21352

Pferdegeschichten
von Mark Twain bis D. H. Lawrence. Mit ganzseitigen Illustrationen von Henri de Toulouse-Lautrec bis Roland Topor
Diogenes Evergreens. Auch als detebe 21354

Russische Kriminalgeschichten
von Fjodor Dostojewskij bis Anton Tschechow. Herausgegeben von Johannes von Guenther. detebe 21127

Liebesgeschichten aus Amerika
von Edgar Allan Poe bis Ernest Hemingway Ausgewählt von John Machaffy
detebe 21239

Liebesgeschichten aus Deutschland
von J. W. von Goethe bis Alfred Andersch. Herausgegeben von Christian Strich und Fritz Eicken. detebe 21122

Liebesgeschichten aus England
von Joseph Conrad bis Muriel Spark Herausgegeben von William Matheson detebe 21204

Liebesgeschichten aus Frankreich
von Marquis de Sade bis Georges Simenon. Herausgegeben von Anne Schmucke und Gerda L'heureux. detebe 21251

Liebesgeschichten aus Irland
von G. B. Shaw bis Frank O'Connor Herausgegeben von Elisabeth Schnack detebe 20629

Liebesgeschichten aus Italien
von Giovanni Boccaccio bis Alberto Moravia Herausgegeben von William Matheson detebe 21202

Jüdische Liebesgeschichten
von Heinrich Heine bis Isaac Bashevis Singer Herausgegeben von Manfred und Julia Papst detebe 21240

Liebesgeschichten aus Lateinamerika
von Machado de Assis bis Gabriel García Márquez. Herausgegeben von William Matheson. detebe 21252

Liebesgeschichten aus Österreich
von Adalbert Stifter bis Heimito von Doderer. Herausgegeben von Maria und Herbert Eisenreich. detebe 21123

Liebesgeschichten aus Rußland
von Alexander Puschkin bis Anton Tschechow. Herausgegeben von Johannes von Guenther. detebe 21013

Liebesgeschichten aus der Schweiz
von Jeremias Gotthelf bis Max Frisch Herausgegeben von Christian Strich und Tobias Inderbitzin. detebe 21124

Liebesgeschichten aus Spanien
von Miguel Cervantes bis Ana Maria Matute Herausgegeben von Christine Haffmans detebe 21203

Mord
Herausgegeben von Mary Hottinger Mit Vignetten von Paul Flora. detebe 20030

Mehr Morde
Herausgegeben von Mary Hottinger
Mit Vignetten von Paul Flora. detebe 20031

Noch mehr Morde
Herausgegeben von Mary Hottinger
Mit Vignetten von Paul Flora. detebe 20032

Oft bin ich schon im Traume dort
Deutschsprachige Dichter und Dichterinnen in ihren letzten Versen. Herausgegeben und eingeleitet von Jutta Rosenkranz
Diogenes Evergreens

Science-Fiction-Geschichten des Golden Age
von Ray Bradbury bis Isaac Asimov. Herausgegeben von Peter Naujack. Mit Vignetten von Peter Neugebauer. detebe 21048

Klassische Science-Fiction-Geschichten
von Voltaire bis Conan Doyle. Herausgegeben von William Matheson. detebe 21049

Spionagegeschichten
und -affären von Goethe bis Eric Ambler
Herausgegeben von Graham Greene, Hugh Greene und Martin Beheim-Schwarzbach. Mit fünfzig Zeichnungen von Paul Flora
detebe 20699

Mehr Spionagegeschichten
von John Buchan bis Ian Fleming. Herausgegeben von Eric Ambler. Deutsch von Peter de Mendelssohn. detebe 21420

Weihnachtsgeschichten
in 3 Bänden. Herausgegeben von Christian Strich. Leinen